PRÉFACE

La collection de guides de conversation "Tout ira bien!", publié par T&P Books, est conçue pour les gens qui voyagent par affaire ou par plaisir. Les guides de conversations contiennent le plus important - l'essentiel pour la communication de base. Il s'agit d'une série indispensable de phrases pour survivre à l'étranger.

Ce guide de conversation vous aidera dans la plupart des cas où vous devez demander quelque chose, trouver une direction, découvrir le prix d'un souvenir, etc. Il peut aussi résoudre des situations de communication difficile lorsque la gesticulation n'aide pas.

Le livre contient beaucoup de phrases qui ont été groupées par thèmes. Vous trouverez aussi un vocabulaire des 3000 mots les plus couramment utilisés. Une autre section du guide contient un glossaire gastronomique qui peut être utile lorsque vous faites le marché ou commandez des plats au restaurant.

Emmenez avec vous un guide de conversation "Tout ira bien!" sur la route et vous aurez un compagnon de voyage irremplaçable qui vous aidera à vous sortir de toutes les situations et vous enseignera à ne pas avoir peur de parler aux étrangers.

TABLE DES MATIÈRES

T&P Books Publishing

Collection de guides de conversation
"Tout ira bien!"

T&P Books Publishing

GUIDE DE CONVERSATION
ARABE

Par Andrey Taranov

LES PHRASES LES PLUS UTILES

Ce guide de conversation contient les phrases et les questions les plus communes et nécessaires pour communiquer avec des étrangers

Guide de conversation + dictionnaire de 3000 mots

Guide de conversation Français-Arabe et vocabulaire thématique de 3000 mots

Par Andrey Taranov

La collection de guides de conversation "Tout ira bien!", publiée par T&P Books, est conçue pour les gens qui voyagent par affaire ou par plaisir. Les guides contiennent l'essentiel pour la communication de base. Il s'agit d'une série indispensable de phrases pour "survivre" à l'étranger.

Ce livre inclut un dictionnaire thématique qui contient près de 3000 des mots les plus fréquemment utilisés. Une autre section du guide contient un glossaire gastronomique qui peut être utile lorsque vous faites le marché ou commandez des plats au restaurant.

T&P Books Publishing
www.tpbooks.com

ISBN: 978-1-78716-948-7

Ce livre existe également en format électronique.
Pour plus d’informations, veuillez consulter notre site: www.tpbooks.com
ou rendez-vous sur ceux des grandes librairies en ligne.

PRONONCIATION

Alphabet phonétique T&P	Exemple en arabe	Exemple en français
[a]	[ṭaffa] طفّى	classe
[ā]	[iχtār] إختار	camarade
[e]	[hamburger] هامبورجر	équipe
[i]	[zifāf] زفاف	stylo
[ī]	[abrīl] أبريل	industrie
[u]	[kalkutta] كلكتا	boulevard
[ū]	[ʒāmūs] جاموس	sucre
[b]	[bidāya] بداية	bureau
[d]	[saʿāda] سعادة	document
[ḍ]	[waḍʕ] وضع	[d] pharyngale
[ʒ]	[arʒantīn] الأرجنتين	jeunesse
[ð]	[tiðkār] تذكار	[th] pharyngalisé
[ẓ]	[ẓahar] ظهر	[z] pharyngale
[f]	[χafīf] خفيف	formule
[g]	[gūlf] جولف	gris
[h]	[ittiʒāh] إتّجاه	[h] aspiré
[ḥ]	[aḥabb] أحبّ	[h] pharyngale
[y]	[ðahabiy] ذهبيّ	maillot
[k]	[kursiy] كرسيّ	bocal
[l]	[lamaḥ] لمح	vélo
[m]	[marṣad] مرصد	minéral
[n]	[ʒanūb] جنوب	ananas
[p]	[kaputʃīnu] كابتشينو	panama
[q]	[waθiq] وثق	cadeau
[r]	[rūḥ] روح	racine, rouge
[s]	[suχriyya] سخريّة	syndicat
[ṣ]	[miʿṣam] معصم	[s] pharyngale
[ʃ]	[ʿaʃāʾ] عشاء	chariot
[t]	[tannūb] تنّوب	tennis
[ṭ]	[χarīṭa] خريطة	[t] pharyngale
[θ]	[mamūθ] ماموث	consonne fricative dentale sourde
[v]	[vitnām] فيتنام	rivière
[w]	[waddaʿ] ودّع	iguane
[χ]	[baχīl] بخيل	scots - nicht, allemand - Dach

Alphabet phonétique T&P	Exemple en arabe	Exemple en français
[ɣ]	[taɣadda] تغدّى	g espagnol - amigo, magnífico
[z]	[mā'iz] ماعز	gazeuse
[ʿ] (ayn)	[sabʿa] سبعة	consonne fricative pharyngale voisée
[ʾ] (hamza)	[saʾal] سأل	coup de glotte

LISTE DES ABRÉVIATIONS

Abréviations en arabe

du - nom (à double) pluriel
f - nom féminin
m - nom masculin
pl - pluriel

Abréviations en français

adj - adjective
adv - adverbe
anim. - animé
conj - conjonction
dénombr. - dénombrable
etc. - et cetera
f - nom féminin
f pl - féminin pluriel
fam. - familiar
fem. - féminin
form. - formal
inanim. - inanimé
indénombr. - indénombrable
m - nom masculin
m pl - masculin pluriel
m, f - masculin, féminin
masc. - masculin
math - mathematics
mil. - militaire
pl - pluriel
prep - préposition
pron - pronom
qch - quelque chose
qn - quelqu'un
sing. - singulier
v aux - verbe auxiliaire
v imp - verbe impersonnel
vi - verbe intransitif
vi, vt - verbe intransitif, transitif

vp	-	verbe pronominal
vt	-	verbe transitif

GUIDE DE CONVERSATION ARABE

Cette section contient des phrases importantes qui peuvent être utiles dans des situations courantes. Le guide vous aidera à demander des directions, clarifier le prix, acheter des billets et commander des plats au restaurant

T&P Books Publishing

CONTENU DU GUIDE DE CONVERSATION

Les essentiels

Excusez-moi, ...	baʿd ezznak, ... بعد إذنك، ...
Bonjour	ahlan أهلا
Merci	ʃokran شكرا
Au revoir	ella alliqāʾ إلى اللقاء
Oui	aywā أيوة
Non	laʾa لأ
Je ne sais pas.	maʿraff ما أعرفش
Où? | Où? | Quand?	feyn? | lefeyn? | emta? فين؟ ا لفين؟ ا إمتى؟
J'ai besoin de ...	meḥtāg ... محتاج ...
Je veux ...	ʿāyez ... عايز ...
Avez-vous ... ?	ya tara ʿandak ...? يا ترى عندك... ؟
Est-ce qu'il y a ... ici?	feyh hena ...? فيه هنا ...؟
Puis-je ... ?	momken ...? ممكن ...؟
s'il vous plaît (pour une demande)	... men faḍlak من فضلك ...
Je cherche ...	ana badawwar ʿla ... أنا بادور على ...
les toilettes	ḥammām حمام
un distributeur	makīnet ṣarraf ʾāaly ماكينة صراف آلي
une pharmacie	ṣaydaliya صيدلية
l'hôpital	mostaʃfa مستشفى
le commissariat de police	ʾessm el ʃorṭa قسم شرطة
une station de métro	metro el anfāʾ مترو الأنفاق

un taxi	taksi تاكسي
la gare	mahattet el 'aṭṭr محطة القطر
Je m'appelle …	essmy … إسمي...
Comment vous appelez-vous?	essmak eyh? اسمك إيه؟
Aidez-moi, s'il vous plaît.	te'ddar tesā'dny? تقدر تساعدني؟
J'ai un problème.	ana 'andy moʃkela أنا عندي مشكلة
Je ne me sens pas bien.	ana ta'bān أنا تعبان
Appelez une ambulance!	oṭlob 'arabeyet es'āf! أطلب عربية إسعاف!
Puis-je faire un appel?	momken a'mel mokalma telefoniya? ممكن أعمل مكالمة تليفونية؟
Excusez-moi.	ana 'āssif أنا آسف
Je vous en prie.	el 'afw العفو
je, moi	ana أنا
tu, toi	enta أنت
il	howwa هو
elle	hiya هي
ils	homm هم
elles	homm هم
nous	eḥna احنا
vous	entom انتم
Vous	ḥaddretak حضرتك
ENTRÉE	doχūl دخول
SORTIE	χorūg خروج
HORS SERVICE | EN PANNE	'aṭṭlān عطلان
FERMÉ	moɣlaq مغلق

OUVERT	maftūḥ مفتوح
POUR LES FEMMES	lel sayedāt للسيدات
POUR LES HOMMES	lel regāl للرجال

Questions

Où? (lieu)	feyn? فين؟
Où? (direction)	lefeyn? لفين؟
D'où?	men feyn? من فين؟
Pourquoi?	leyh? ليه؟
Pour quelle raison?	le'ayī sabab? لأي سبب؟
Quand?	emta? إمتى؟

Combien de temps?	leḥadd emta? لحد إمتى؟
À quelle heure?	fi ayī sāʿa? في أي ساعة؟
C'est combien?	bekām? بكام؟
Avez-vous … ?	ya tara ʿandak …? يا ترى عندك ...؟
Où est …, s'il vous plaît?	feyn …? فين ...؟

Quelle heure est-il?	el sāʿa kām? الساعة كام؟
Puis-je faire un appel?	momken aʿmel mokalma telefoniya? ممكن أعمل مكالمة تليفونية؟
Qui est là?	meyn henāk? مين هناك؟
Puis-je fumer ici?	momken addaχen hena? ممكن أدخن هنا؟
Puis-je …?	momken …? ممكن ...؟

Besoins

Je voudrais …	aḥebb … أحب …
Je ne veux pas …	meʃ ʿāyiz … مش عايز …
J'ai soif.	ana ʿaṭʃān أنا عطشان
Je veux dormir.	ʿāyez anām عايز أنام
Je veux …	ʿāyez … عايز …
me laver	atʃaṭṭaf أتشطف
brosser mes dents	aɣsel senāny أغسل سناني
me reposer un instant	artāḥ ʃwaya أرتاح شوية
changer de vêtements	aɣayar hodūmy أغير هدومي
retourner à l'hôtel	argaʿ lel fondoq أرجع للفندق
acheter …	ʃerāʾ … شراء …
aller à …	arūḥ le… أروح لـ…
visiter …	azūr … أزور …
rencontrer …	aʿābel … أقابل …
faire un appel	aʿmel mokalma telefoniya أعمل مكالمة تليفونية
Je suis fatigué /fatiguée/	ana taʿbān أنا تعبان
Nous sommes fatigués /fatiguées/	eḥna taʿbānīn إحنا تعبانين
J'ai froid.	ana bardān أنا بردان
J'ai chaud.	ana ḥarran أنا حران
Je suis bien.	ana kowayes أنا كويس

Il me faut faire un appel.	mehtāg a'mel mokalma telefoneya **محتاج أعمل مكالمة تليفونية**
J'ai besoin d'aller aux toilettes.	mehtāg arūh el hammam **محتاج أروح الحمام**
Il faut que j'aille.	lāzem amʃy **لازم أمشي**
Je dois partir maintenant.	lāzem amʃy dellwa'ty **لازم أمشي دلوقتي**

Comment demander la direction

Excusez-moi, ...	ba'd ezznak, ... **بعد إذنك، ...**
Où est ..., s'il vous plaît?	feyn ...? **فين ...؟**
Dans quelle direction est ... ?	meneyn ...? **منين ...؟**
Pouvez-vous m'aider, s'il vous plaît ?	momken tesā'edny, men faḍlak? **ممكن تساعدني، من فضلك؟**
Je cherche ...	ana badawwar 'la ... **أنا بادور على ...**
La sortie, s'il vous plaît?	baddawwar 'la ṭarīq el χorūg **بادور على طريق الخروج**
Je vais à ...	ana rāyeḥ le... **أنا رايح لـ...**
C'est la bonne direction pour ...?	ana māʃy fel ṭarīq el ṣaḥḥ le ...? **أنا ماشي في الطريق الصح لـ... ؟**
C'est loin?	howwa be'īd? **هو بعيد؟**
Est-ce que je peux y aller à pied?	momken awṣal henāk māʃy? **ممكن أوصل هناك ماشي؟**
Pouvez-vous me le montrer sur la carte?	momken tewarrīny 'lal χarīṭa? **ممكن توريني على الخريطة؟**
Montrez-moi où sommes-nous, s'il vous plaît.	momken tewarrīny eḥna feyn dellwa'ty? **ممكن توريني إحنا فين دلوقتي؟**
Ici	hena **هنا**
Là-bas	henāk **هناك**
Par ici	men hena **من هنا**
Tournez à droite.	oddχol yemīn **ادخل يمين**
Tournez à gauche.	oddχol ʃemal **ادخل شمال**
Prenez la première (deuxième, troisième) rue.	awwel (tāny, tālet) ʃāre' **أول (تاني، تالت) شارع**

à droite	ʿlal yemīn **على اليمين**
à gauche	ʿlal ʃemal **على الشمال**
Continuez tout droit.	ʿla ṭūl **على طول**

Affiches, Pancartes

BIENVENUE!	marḥaba **مرحبا**
ENTRÉE	doχūl **دخول**
SORTIE	χorūg **خروج**
POUSSEZ	eddfa' **إدفع**
TIREZ	ess-ḥab **إسحب**
OUVERT	maftūḥ **مفتوح**
FERMÉ	moɣlaq **مغلق**
POUR LES FEMMES	lel sayedāt **للسيدات**
POUR LES HOMMES	lel regāl **للرجال**
MESSIEURS (m)	el sāda **السادة**
FEMMES (f)	el sayedāt **السيدات**
RABAIS | SOLDES	taχfīḍāt **تخفيضات**
PROMOTION	okazyōn **اوكازيون**
GRATUIT	maggānan **مجانا**
NOUVEAU!	gedīd! **جديد!**
ATTENTION!	ennttabeh! **إنتبه!**
COMPLET	mafīʃ makān **ما فيش مكان**
RÉSERVÉ	maḥgūz **محجوز**
ADMINISTRATION	el edāra **الإدارة**
PERSONNEL SEULEMENT	lel 'āmelīn faqaṭ **للعاملين فقط**

ATTENTION AU CHIEN!	ehhtaress men el kalb! إحترس من الكلب!
NE PAS FUMER!	mammnū' el tadχīn! ممنوع التدخين!
NE PAS TOUCHER!	mammnū' el lammss! ممنوع اللمس!
DANGEREUX	χaṭīr خطير
DANGER	χaṭar خطر
HAUTE TENSION	gohd 'āly جهد عالي
BAIGNADE INTERDITE!	mammnū' el sebāḥa! ممنوع السباحة!

HORS SERVICE | EN PANNE	'aṭṭlān عطلان
INFLAMMABLE	qābel lel eʃte'āl قابل للإشتعال
INTERDIT	mammnū' ممنوع
ENTRÉE INTERDITE!	mammnū' el taχaṭṭy! ممنوع التخطي!
PEINTURE FRAÎCHE	ṭalā' ḥadiis طلاء حديث

FERMÉ POUR TRAVAUX	moɣlaq lel tagdedāt مغلق للتجديدات
TRAVAUX EN COURS	aʃɣāl fel ṭarīq أشغال في الطريق
DÉVIATION	monḥany منحنى

Transport - Phrases générales

avion	ṭayāra **طيارة**
train	ʾaṭṭr **قطر**
bus, autobus	otobiis **اوتوبيس**
ferry	safīna **سفينة**
taxi	taksi **تاكسي**
voiture	ʿarabiya **عربية**
horaire	gadwal **جدول**
Où puis-je voir l'horaire?	aʿdar aʃūf el gadwal feyn? **أقدر أشوف الجدول فين؟**
jours ouvrables	ayām el ossbūʿ **أيام الأسبوع**
jours non ouvrables	nehāyet el osbūʿ **نهاية الأسبوع**
jours fériés	el ʾagazāt **الأجازات**
DÉPART	el saffar **السفر**
ARRIVÉE	el woṣūl **الوصول**
RETARDÉE	mettʾχara **متأخرة**
ANNULÉE	molɣā **ملغاه**
prochain (train, etc.)	el gayī **الجاي**
premier	el awwel **الأول**
dernier	el ʾaχīr **الأخير**
À quelle heure est le prochain ...?	emta el ... elly gayī? **إللي جاي؟ ... إمتى الـ**
À quelle heure est le premier ...?	emta awwel ...? **إمتى اول ...؟**

À quelle heure est le dernier ...?	emta 'āχer ...? **إمتى آخر ...؟**
correspondance	tabdīl **تبديل**
prendre la correspondance	abaddel **أبدل**
Dois-je prendre la correspondance?	hal aḥtāg le tabdīl el...? **هل أحتاج لتبديل الـ...؟**

Acheter un billet

Où puis-je acheter des billets?	meneyn momken aʃtery tazāker? **منين ممكن أشتري تذاكر؟**
billet	tazzkara **تذكرة**
acheter un billet	ʃerā' tazāker **شراء تذاكر**
le prix d'un billet	as'ār el tazāker **أسعار التذاكر**
Pour aller où?	lefeyn? **لفين؟**
Quelle destination?	le'ayī maḥatta? **لأي محطة؟**
Je voudrais ...	meḥtāg ... **محتاج ...**
un billet	tazzkara waḥda **تذكرة واحدة**
deux billets	tazzkarteyn **تذكرتين**
trois billets	talat tazāker **تلات تذاكر**
aller simple	zehāb faqatt **ذهاب فقط**
aller-retour	zehāb we 'awda **ذهاب وعودة**
première classe	daraga ūla **درجة أولى**
classe économique	daraga tanya **درجة ثانية**
aujourd'hui	el naharda **النهاردة**
demain	bokra **بكرة**
après-demain	ba'd bokra **بعد بكرة**
dans la matinée	el sobḥ **الصبح**
l'après-midi	ba'd el zohr **بعد الظهر**
dans la soirée	bel leyl **بالليل**

siège côté couloir	korsy mammar **كرسي ممر**
siège côté fenêtre	korsy ʃebbāk **كرسي شباك**
C'est combien?	bekām? **بكام؟**
Puis-je payer avec la carte?	momken addfaʿ be kart eʾtemān? **ممكن أدفع بكارت إئتمان؟**

L'autobus

bus, autobus	el otobiis **الأوتوبيس**
autocar	otobiis beyn el moddon **أوتوبيس بين المدن**
arrêt d'autobus	mahattet el otobiis **محطة الأوتوبيس**
Où est l'arrêt d'autobus le plus proche?	feyn aqrab mahattet otobiis? **فين أقرب محطة أوتوبيس؟**
numéro	raqam **رقم**
Quel bus dois-je prendre pour aller à …?	'āχod ayī otobiis le …? **أخذ أي اوتوبيس لـ...؟**
Est-ce que ce bus va à …?	el otobiis da beyrūh …? **الأوتوبيس دة بيروح ...؟**
L'autobus passe tous les combien?	el otobiis beyīgi kol 'add eyh? **الأوتوبيس بيجي كل قد إيه؟**
chaque quart d'heure	kol χamasstāʃar daqīqa **كل 15 دقيقة**
chaque demi-heure	kol noss sā'a **كل نص ساعة**
chaque heure	kol sā'a **كل ساعة**
plusieurs fois par jour	kaza marra fel yome **كذا مرة في اليوم**
… fois par jour	… marrat fell yome **مرات في اليوم ...**
horaire	gadwal **جدول**
Où puis-je voir l'horaire?	a'dar aʃūf el gadwal feyn? **أقدر أشوف الجدول فين؟**
À quelle heure passe le prochain bus?	emta el otobīss elly gayī? **إمتى الأتوبيس إللي جاي؟**
À quelle heure passe le premier bus?	emta awwel otobiis? **إمتى أول أوتوبيس؟**
À quelle heure passe le dernier bus?	emta 'āχer otobiis? **إمتى آخر أوتوبيس؟**
arrêt	mahatta **محطة**
prochain arrêt	el mahatta el gaya **المحطة الجاية**

terminus	axer maḥaṭṭa آخر محطة (أخر الخط)
Pouvez-vous arrêter ici, s'il vous plaît.	laww samaḥt, wa'eff hena لو سمحت، وقف هنا
Excusez-moi, c'est mon arrêt.	ba‘d ezznak, di maḥaṭṭetti بعد إذنك، دي محطتي

Train

train	el 'aṭṭr القطر
train de banlieue	'aṭṭr el ḍawāḥy قطر الضواحي
train de grande ligne	'aṭṭr el masāfāt el ṭawīla قطر المسافات الطويلة
la gare	maḥaṭṭet el 'aṭṭr محطة القطر
Excusez-moi, où est la sortie vers les quais?	ba'd ezznak, meneyn el ṭarīq lel raṣīf بعد إذنك، منين الطريق للرصيف؟
Est-ce que ce train va à ...?	el 'aṭṭr da beyrūḥ ...? القطر دة بيروح ...؟
le prochain train	el 'aṭṭr el gayī? القطر الجاي؟
À quelle heure est le prochain train?	emta el 'aṭṭr elly gayī? إمتى القطر إللي جاي؟
Où puis-je voir l'horaire?	a'dar aʃūf el gadwal feyn? أقدر أشوف الجدول فين؟
De quel quai?	men ayī raṣīf? من أي رصيف؟
À quelle heure arrive le train à ...?	emta yewṣal el 'aṭṭr ...? إمتى يوصل القطر ... ؟
Pouvez-vous m'aider, s'il vous plaît?	argūk sā'dny ارجوك ساعدني
Je cherche ma place.	baddawwar 'lal korsy betā'y بادور على الكرسي بتاعي
Nous cherchons nos places.	eḥna benndawwar 'la karāsy إحنا بندور على كراسي
Ma place est occupée.	el korsy betā'i maʃɣūl الكرسي بتاعي مشغول
Nos places sont occupées.	karaseyna maʃɣūla كراسينا مشغولة
Excusez-moi, mais c'est ma place.	'ann ezznak, el korsy da betā'y عن إذنك، الكرسي دة بتاعي
Est-ce que cette place est libre?	el korsy da maḥgūz? الكرسي دة محجوز؟
Puis-je m'asseoir ici?	momken a''od hena? ممكن أقعد هنا؟

Sur le train - Dialogue (Pas de billet)

Votre billet, s'il vous plaît.	tazāker men faḍlak تذاكر من فضلك
Je n'ai pas de billet.	maʿandīʃ tazzkara ما عنديش تذكرة
J'ai perdu mon billet.	tazzkarty ḍāʿet تذكرتي ضاعت
J'ai oublié mon billet à la maison.	nesīt tazkarty fel beyt نسيت تذكرتي في البيت
Vous pouvez m'acheter un billet.	momken teʃtery menny tazkara ممكن تشتري مني تذكرة
Vous devrez aussi payer une amende.	lāzem teddfaʿ ɣarāma kaman لازم تدفع غرامة كمان
D'accord.	tamām تمام
Où allez-vous?	enta rāyeḥ feyn? إنت رايح فين؟
Je vais à ...	ana rāyeḥ le... أنا رايح لـ...
Combien? Je ne comprend pas.	bekām? ana meʃ fāhem بكام؟ أنا مش فاهم
Pouvez-vous l'écrire, s'il vous plaît.	ektebha laww samaḥt إكتبها لو سمحت
D'accord. Puis-je payer avec la carte?	tamām. momken addfaʿ be kredit kard? تمام. ممكن أدفع بكريدت كارد؟
Oui, bien sûr.	aywā momken أيوة ممكن
Voici votre reçu.	ettfaḍḍal el īṣāl أتفضل الإيصال
Désolé pour l'amende.	'āssef beχeṣūṣ el ɣarāma آسف بخصوص الغرامة
Ça va. C'est de ma faute.	mafīʃ moʃkela. di ɣalṭety ما فيش مشكلة. دي غلطتي
Bon voyage.	esstammteʿ be reḥlatek استمتع برحلتك

Taxi

taxi	taksi **تاكسي**
chauffeur de taxi	sawwāʾ el taksi **سواق التاكسي**
prendre un taxi	ʾāχod taksi **أخد تاكسي**
arrêt de taxi	mawʾaf taksi **موقف تاكسي**
Où puis-je trouver un taxi?	meneyn āχod taksi? **منين أخد تاكسي؟**
appeler un taxi	an taṭlob taksi **أن تطلب تاكسي**
Il me faut un taxi.	aḥtāg taksi **أحتاج تاكسي**
maintenant	alʾāan **الآن**
Quelle est votre adresse?	ma howa ʿennwānak? **ما هو عنوانك؟**
Mon adresse est ...	ʿennwāny fi ... **عنواني في ...**
Votre destination?	ettegāhak? **إتجاهك؟**

Excusez-moi, ...	baʿd ezznak, ... **بعد إذنك، ...**
Vous êtes libre ?	enta fāḍy? **إنت فاضي؟**
Combien ça coûte pour aller à ...?	bekām arūḥ...? **بكام أروح...؟**
Vous savez où ça se trouve?	teʿraf hiya feyn? **تعرف هي فين؟**

À l'aéroport, s'il vous plaît.	el maṭār men faḍlak **المطار من فضلك**
Arrêtez ici, s'il vous plaît.	waʾeff hena, laww samaḥt **وقف هنا، لو سمحت**
Ce n'est pas ici.	meʃ hena **مش هنا**
C'est la mauvaise adresse.	da ʿenwān ɣalat **دة عنوان غلط**
tournez à gauche	oddχol ʃemal **ادخل شمال**
tournez à droite	oddχol yemīn **ادخل يمين**

Combien je vous dois?	ʿlayī līk kām? **عليّ لك كام؟**
J'aimerais avoir un reçu, s'il vous plaît.	ʿāyez īṣāl men faḍlak. **عايز إيصال، من فضلك.**
Gardez la monnaie.	χally el bāʾy **خلي الباقي**

Attendez-moi, s'il vous plaît ...	momken tesstannāny laww samaḥt? **ممكن تستناني لو سمحت؟**
cinq minutes	χamas daqāʾeq **خمس دقائق**
dix minutes	ʿaʃar daqāʾeq **عشر دقائق**
quinze minutes	robʿ sāʿa **ربع ساعة**
vingt minutes	telt sāʿa **تلت ساعة**
une demi-heure	noṣṣ sāʿa **نص ساعة**

Hôtel

Bonjour.	ahlan **أهلا**
Je m'appelle …	essmy … **إسمي …**
J'ai réservé une chambre.	ʻandy ḥaggz **عندي حجز**
Je voudrais …	meḥtāg … **محتاج …**
une chambre simple	ɣorfa moffrada **غرفة مفردة**
une chambre double	ɣorfa mozzdawwaga **غرفة مزدوجة**
C'est combien?	seʻraha kām? **سعرها كام؟**
C'est un peu cher.	di ɣalya ʃewaya **دي غالية شوية**
Avez-vous autre chose?	ʻandak χayarāt tanya? **عندك خيارات تانية؟**
Je vais la prendre.	haχod-ha **ح أخدها**
Je vais payer comptant.	ḥaddfaʻ naqqdy **ح أدفع نقدي**
J'ai un problème.	ana ʻandy moʃkela **أنا عندي مشكلة**
Mon … est cassé /Ma … est cassée/	… maksūr **مكسور…**
Mon /Ma/ … ne fonctionne pas.	… ʻaṭlān /ʻaṭlāna/ **عطلان /عطلانة/…**
télé	el televizyōn **التليفزيون**
air conditionné	el takyīf **التكييف**
robinet	el ḥanafiya (~ ʻaṭlāna) **الحنفية**
douche	el doʃ **الدش**
évier	el banyo **البانيو**
coffre-fort	el χāzena (~ ʻaṭlāna) **الخازنة**

serrure de porte	'effl el bāb **قفل الباب**
prise électrique	maɣrag el kahraba **مخرج الكهربا**
sèche-cheveux	mogaffef el ʃa'r **مجفف الشعر**
Je n'ai pas …	ma'andīʃ … **ما عنديش …**
d'eau	maya **مية**
de lumière	nūr **نور**
d'électricité	kahraba **كهربا**
Pouvez-vous me donner …?	momken teddīny …? **ممكن تديني …؟**
une serviette	fūṭa **فوطة**
une couverture	baṭṭaneya **بطانية**
des pantoufles	ʃebʃeb **شبشب**
une robe de chambre	robe **روب**
du shampoing	ʃambū **شامبو**
du savon	ṣabūn **صابون**
Je voudrais changer ma chambre.	aḥebb aɣayar el oḍa **أحب أغير الأوضة**
Je ne trouve pas ma clé.	meʃ lā'y meftāḥy **مش لاقي مفتاحي**
Pourriez-vous ouvrir ma chambre, s'il vous plaît?	momken tefftaḥ oḍdty men faḍlak? **ممكن تفتح أوضتي من فضلك؟**
Qui est là?	meyn henāk? **مين هناك؟**
Entrez!	ettfaḍḍal! **إتفضل!**
Une minute!	daqīqa wāḥeda! **دقيقة واحدة!**
Pas maintenant, s'il vous plaît.	meʃ dellwa'ty men faḍlak **مش دلوقتي من فضلك**
Pouvez-vous venir à ma chambre, s'il vous plaît.	ta'āla oḍdty laww samaḥt **تعالى أوضتي لو سمحت**
J'aimerais avoir le service d'étage.	'āyez ṭalab men χeddmet el wagabāt **عايز طلب من خدمة الوجبات**
Mon numéro de chambre est le …	raqam oḍdty howa … **رقم أوضتي هو …**

Je pars …	ana māʃy … أنا ماشي …
Nous partons …	eḥna maʃyīn … إحنا ماشيين …
maintenant	dellwaʾty دلوقتي
cet après-midi	baʿd el ẓohr بعد الظهر
ce soir	el leyla di الليلة دي
demain	bokra بكرة
demain matin	bokra el ṣobh بكرة الصبح
demain après-midi	bokra bel leyl بكرة بالليل
après-demain	baʿd bokra بعد بكرة

Je voudrais régler mon compte.	aḥebb adfaʿ أحب أدفع
Tout était merveilleux.	kol ʃeyʾ kan rāʾeʿ كل شيء كان رائع
Où puis-je trouver un taxi?	feyn momken alāʾy taksi? فين ممكن ألاقي تاكسي؟
Pourriez-vous m'appeler un taxi, s'il vous plaît?	momken toṭṭlob lī taksi laww samaḥt? ممكن تطلب لي تاكسي لو سمحت؟

Restaurant

Puis-je voir le menu, s'il vous plaît?	momken aʃūf qā'ema el ṭa'ām men faḍlak? ممكن أشوف قائمة الطعام من فضلك؟
Une table pour une personne.	tarabeyza le ʃaχṣ wāḥed ترابيزة لشخص واحد
Nous sommes deux (trois, quatre).	eḥna etneyn (talāta, arba'a) إحنا اتنين (ثلاثة، أربعة)
Fumeurs	modaχenīn مدخنين
Non-fumeurs	ɣeyr moddaχenīn غير مدخنين
S'il vous plaît!	laww samaḥt لو سمحت
menu	qā'emat el ṭa'ām قائمة الطعام
carte des vins	qā'emat el nebīz قائمة النبيذ
Le menu, s'il vous plaît.	el qā'ema, laww samaḥt القائمة، لو سمحت
Êtes-vous prêts à commander?	mossta'ed toṭṭlob? مستعد تطلب؟
Qu'allez-vous prendre?	ḥatāχod eh? ح تاخد إيه؟
Je vais prendre …	ana ḥāχod … أنا ح أخد ...
Je suis végétarien.	ana nabāty أنا نباتي
viande	laḥma لحم
poisson	samakk سمك
légumes	χoḍār خضار
Avez-vous des plats végétariens?	'andak aṭṭbāq nabātiya? عندك أطباق نباتية؟
Je ne mange pas de porc.	lā 'āakol el χanzīr لا أكل الخنزير
Il /elle/ ne mange pas de viande.	howwa /hiya/ la tākol el laḥm هو/هي/ لا تأكل اللحم

Je suis allergique à ...	ʿandy ḥasasseya men ... عندي حساسية من ...
Pourriez-vous m'apporter ..., s'il vous plaît.	momken tegīb lī ... ممكن تجيب لي...
le sel | le poivre | du sucre	melḥ | felfel | sokkar سكر ا فلفل ا ملح
un café | un thé | un dessert	'ahwa | ʃāy | ḥelw حلو ا شاي ا قهوة
de l'eau | gazeuse | plate	meyāh | ɣaziya | ʿadiya عادية ا غازية ا مياه
une cuillère | une fourchette | un couteau	maʿlaʾa | ʃowka | sekkīna سكينة ا شوكة ا ملعقة
une assiette | une serviette	ṭabaq | fūṭa فوطة ا طبق

Bon appétit!	bel hana wel ʃefa بالهنا والشفا
Un de plus, s'il vous plaît.	waḥda kamān laww samaḥt واحدة كمان لو سمحت
C'était délicieux.	kanet lazīza geddan كانت لذيذة جدا

l'addition | de la monnaie | le pourboire	ʃīk | fakka | baʾʃīʃ بقشيش ا فكة ا شيك
L'addition, s'il vous plaît.	momken el ḥesāb laww samaḥt? ممكن الحساب لو سمحت؟
Puis-je payer avec la carte?	momken addfaʿ be kart eʾtemān? ممكن أدفع بكارت إئتمان؟
Excusez-moi, je crois qu'il y a une erreur ici.	ana ʾāssif, feyh ɣalṭa hena أنا آسف، في غلطة هنا

Shopping. Faire les Magasins

Est-ce que je peux vous aider?	momken asa'dak? ممكن أساعدك؟
Avez-vous ... ?	ya tara 'andak ...? يا ترى عندك ...؟
Je cherche ...	ana badawwar 'la ... أنا بادور على ...
Il me faut ...	meḥtāg ... محتاج ...
Je regarde seulement, merci.	ana battfarrag أنا بأتفرج
Nous regardons seulement, merci.	eḥna benettfarrag إحنا بنتفرج
Je reviendrai plus tard.	ḥāgy ba'deyn ح أجي بعدين
On reviendra plus tard.	ḥaneygy ba'deyn ح نيجي بعدين
Rabais | Soldes	taχfīḍāt | okazyōŋ أوكازيون| تخفيضات
Montrez-moi, s'il vous plaît ...	momken tewarrīny ... laww samaḥt? ممكن توريني ... لو سمحت؟
Donnez-moi, s'il vous plaît ...	momken teddīny ... laww samaḥt ممكن تديني ... لو سمحت
Est-ce que je peux l'essayer?	momken a'īs? ممكن أقيس؟
Excusez-moi, où est la cabine d'essayage?	laww samaḥt, feyn el brova? لو سمحت، فين البروفا؟
Quelle couleur aimeriez-vous?	'āyez ayī lone? عايز أي لون؟
taille | longueur	maqās | ṭūl طول | مقاس
Est-ce que la taille convient ?	ya tara el maqās maẓbūṭ? يا ترى المقاس مضبوط؟
Combien ça coûte?	bekām? بكام؟
C'est trop cher.	da ɣāly geddan دة غالي جدا
Je vais le prendre.	ḥaʃtereyh ح أشتريه
Excusez-moi, où est la caisse?	ba'd ezznak, addfa' feyn laww samaḥt? بعد إذنك، أدفع فين لو سمحت؟

Payerez-vous comptant ou par carte de crédit?	ḥateddfa‘ naqqdan walla be kart e'temān? ح تدفع نقدا ولا بكارت إئتمان؟
Comptant | par carte de crédit	naqdan | be kart e'temān بكارت إئتمان ا نقدا
Voulez-vous un reçu?	‘āyez īṣāl? عايز إيصال؟
Oui, s'il vous plaît.	aywā, men faḍlak أيوة، من فضلك
Non, ce n'est pas nécessaire.	lā, mafīʃ moʃkela لا، ما فيش مشكلة
Merci. Bonne journée!	ʃokran. yome sa‘īd شكرا. يوم سعيد

En ville

Excusez-moi, ...	ba'd ezznak, laww samaḥt **بعد إذنك، لو سمحت**
Je cherche ...	ana badawwar 'la ... **أنا بادور على ...**
le métro	metro el anfā' **مترو الأنفاق**
mon hôtel	el fondo' betā'i **الفندق بتاعي**
le cinéma	el sinema **السينما**
un arrêt de taxi	maw'af taksi **موقف تاكسي**
un distributeur	makīnet ṣarraf 'āaly **ماكينة صراف آلي**
un bureau de change	maktab ṣarrafa **مكتب صرافة**
un café internet	maqha internet **مقهى انترنت**
la rue ...	ʃāre'... **شارع ...**
cette place-ci	el makān da **المكان دة**
Savez-vous où se trouve ...?	hal te'raf feyn ...? **هل تعرف فين ...؟**
Quelle est cette rue?	essmu eyh el ʃāre' da? **اسمه إيه الشارع دة؟**
Montrez-moi où sommes-nous, s'il vous plaît.	momken tewarrīny eḥna feyn dellwa'ty? **ممكن توريني إحنا فين دلوقتي؟**
Est-ce que je peux y aller à pied?	momken awṣal henāk māʃy? **ممكن أوصل هناك ماشي؟**
Avez-vous une carte de la ville?	'andak χarīṭa lel madīna? **عندك خريطة للمدينة؟**
C'est combien pour un ticket?	bekām tazkaret el doχūl? **بكام تذكرة الدخول؟**
Est-ce que je peux faire des photos?	momken aṣṣawwar hena? **ممكن أصور هنا؟**
Êtes-vous ouvert?	entom fatt-ḥīn? **إنتم فاتحين؟**

À quelle heure ouvrez-vous?	emta betefftaḥu? **إمتى بتفتحوا؟**
À quelle heure fermez-vous?	emta bete'ffelu? **إمتى بتقفلوا؟**

L'argent

argent	folūss فلوس
argent liquide	naqdy نقدي
des billets	folūss waraqiya فلوس ورقية
petite monnaie	fakka فكة
l'addition | de la monnaie | le pourboire	ʃīk | fakka | baʾʃīʃ شيك |فكة |بقشيش
carte de crédit	kart eʾtemān كارت إئتمان
portefeuille	maḥfaza محفظة
acheter	ʃerāʾ شراء
payer	dafʿ دفع
amende	ɣarāma غرامة
gratuit	maggānan مجانا
Où puis-je acheter … ?	feyn momken aʃtery …? فين ممكن أشتري ...؟
Est-ce que la banque est ouverte en ce moment?	hal el bank fāteḥ dellwaʾty هل البنك فاتح دلوقتي؟
À quelle heure ouvre-t-elle?	emta betefftaḥ? إمتى بيفتح؟
À quelle heure ferme-t-elle?	emta beyeʾffel? إمتى بيقفل؟
C'est combien?	bekām? بكام؟
Combien ça coûte?	bekām da? بكام دة؟
C'est trop cher.	da ɣāly geddan دة غالي جدا
Excusez-moi, où est la caisse?	baʿd ezznak, addfaʿ feyn laww samaḥt? بعد إذنك، أدفع فين لو سمحت؟
L'addition, s'il vous plaît.	el ḥesāb men fadlak الحساب من فضلك

Puis-je payer avec la carte?	momken addfa' be kart e'temān? **ممكن أدفع بكارت إئتمان؟**
Est-ce qu'il y a un distributeur ici?	feyh hena makīnet ṣarraf 'āaly? **فيه هنا ماكينة صراف آلي؟**
Je cherche un distributeur.	baddawwar 'la makīnet ṣarraf 'ālly **بادور على ماكينة صراف آلي**

Je cherche un bureau de change.	baddawwar 'la maktab ṣarrāfa **بادور على مكتب صرافة**
Je voudrais changer ...	'āyez aɣayar ... **عايز أغير ...**
Quel est le taux de change?	se'r el 'omla kām? **سعر العملة كام؟**
Avez-vous besoin de mon passeport?	enta meḥtāg gawāz safary? **إنت محتاج جواز سفري؟**

Le temps

Quelle heure est-il?	el sāʿa kām? **الساعة كام؟**
Quand?	emta? **إمتى؟**
À quelle heure?	fi ayī sāʿa? **في أي ساعة؟**
maintenant | plus tard | après ...	dellwaʾty | baʿdeyn | baʿd ... **بعد ... | بعدين | دلوقتي**
une heure	el sāʿa waḥda **الساعة واحدة**
une heure et quart	el sāʿa waḥda we robʿ **الساعة واحدة وربع**
une heure et demie	el sāʿa waḥda we noṣṣ **الساعة واحدة ونص**
deux heures moins quart	el sāʿa etneyn ellā robʿ **الساعة إتنين إلا ربع**
un | deux | trois	waḥda | etneyn | talāta **تلاتة | اتنين | واحدة**
quatre | cinq | six	arbaʿa | χamsa | setta **ستة | خمسة | أربعة**
sept | huit | neuf	sabbʿa | tamanya | tessʿa **تسعة | تمانية | سبعة**
dix | onze | douze	ʿaʃra | ḥedāʃar | etnāʃar **اتناشر | حداشر | عشرة**
dans ...	fi ... **في ...**
cinq minutes	χamas daqāʾeq **خمس دقائق**
dix minutes	ʿaʃar daqāʾeq **عشر دقائق**
quinze minutes	robʿ sāʿa **ربع ساعة**
vingt minutes	telt sāʿa **تلت ساعة**
une demi-heure	noṣṣ sāʿa **نص ساعة**
une heure	sāʿa **ساعة**

dans la matinée	el sobḥ الصبح
tôt le matin	el sobḥ badri الصبح بدري
ce matin	el naharda el ṣobḥ النهاردة الصبح
demain matin	bokra el ṣobh بكرة الصبح

à midi	fi noṣṣ el yome في نص اليوم
dans l'après-midi	baʿd el ẓohr بعد الظهر
dans la soirée	bel leyl بالليل
ce soir	el leyla di الليلة دي

---

la nuit	bel leyl بالليل
hier	emmbāreḥ إمبارح
aujourd'hui	el naharda النهاردة
demain	bokra بكرة
après-demain	baʿd bokra بعد بكرة

Quel jour sommes-nous aujourd'hui?	el naharda eyh fel ayām? النهاردة إيه في الأيام؟
Nous sommes ...	el naharda ... النهاردة ...
lundi	el etneyn الإتنين
mardi	el talāt التلات
mercredi	el 'arbaʿ الأربع

---

jeudi	el χamīs الخميس
vendredi	el gumuʿā الجمعة
samedi	el sabt السبت
dimanche	el ḥadd الحد

Salutations - Introductions

Bonjour.	ahlan أهلا
Enchanté /Enchantée/	saʿīd be leqāʾak سعيد بلقائك
Moi aussi.	ana assʾad أنا أسعد
Je voudrais vous présenter ...	aʿarrafak be ... أعرفك بـ ...
Ravi /Ravie/ de vous rencontrer.	forṣa saʿīda فرصة سعيدة
Comment allez-vous?	ezzayak? إزيك؟
Je m'appelle ...	esmy ... أسمي ...
Il s'appelle ...	essmu ... إسمه ...
Elle s'appelle ...	essmaha ... إسمها ...
Comment vous appelez-vous?	essmak eyh? إسمك إيه؟
Quel est son nom?	essmu eyh? إسمه إيه؟
Quel est son nom?	essmaha eyh? إسمها إيه؟
Quel est votre nom de famille?	essm ʿāʾeltak eyh? إسم عائلتك إيه؟
Vous pouvez m'appeler ...	teʾddar tenadīny be... تقدر تناديني بـ...
D'où êtes-vous?	enta meneyn? إنت منين؟
Je suis de ...	ana men ... أنا من ...
Qu'est-ce que vous faites dans la vie?	beteʃtaɣal eh? بتشتغل إيه؟
Qui est-ce?	meyn da مين دة
Qui est-il?	meyn howwa? مين هو؟
Qui est-elle?	meyn hiya? مين هي؟
Qui sont-ils?	meyn homm? مين هم؟

C'est ...	da yebʾā ... دة يبقى ...
mon ami	ṣadīqy صديقي
mon amie	ṣadīqaty صديقتي
mon mari	gouzy جوزي
ma femme	merāty مراتي

mon père	waldy والدي
ma mère	waldety والدتي
mon frère	aχūya أخويا
mon fils	ebny إبني
ma fille	bennty بنتي

C'est notre fils.	da ebnena دة إبننا
C'est notre fille.	di benntena دي بنتنا
Ce sont mes enfants.	dole awwlādy دول أولادي
Ce sont nos enfants.	dole awwladna دول أولادنا

Les adieux

Au revoir!	ella alliqā' إلى اللقاء
Salut!	salām سلام
À demain.	aʃūfak bokra أشوفك بكرة
À bientôt.	aʃūfak orayeb أشوفك قريب
On se revoit à sept heures.	aʃūfak el sā'a sab'a أشوفك الساعة سبعة
Amusez-vous bien!	esstammte'! إستمتع!
On se voit plus tard.	netkallem ba'deyn نتكلم بعدين
Bonne fin de semaine.	'otṭlet osbū' sa'īda عطلة أسبوع سعيدة
Bonne nuit.	teṣṣbaḥ 'la χeyr تصبح على خير
Il est l'heure que je parte.	gā' waqt el zehāb جاء وقت الذهاب
Je dois m'en aller.	lāzem amʃy لازم أمشي
Je reviens tout de suite.	ḥarga' 'la ṭūl ح أرجع على طول
Il est tard.	el waqt mett'aχar الوقت متأخر
Je dois me lever tôt.	lāzem aṣṣ-ḥa badry لازم أصحى بدري
Je pars demain.	ana māʃy bokra أنا ماشي بكرة
Nous partons demain.	eḥḥna maʃyīn bokra إحنا ماشيين بكرة
Bon voyage!	reḥla sa'īda! رحلة سعيدة!
Enchanté de faire votre connaissance.	forṣa sa'īda فرصة سعيدة
Heureux /Heureuse/ d'avoir parlé avec vous.	sa'eddt bel kalām ma'ak سعدت بالكلام معك
Merci pour tout.	ʃokran 'la koll ʃey' شكرا على كل شيء

Je me suis vraiment amusé /amusée/	ana qaḍḍayt waqt saʕīd أنا قضيت وقت سعيد
Nous nous sommes vraiment amusés /amusées/	eḥna ʾaḍḍeyna waʾt saʕīd إحنا قضينا وقت سعيد
C'était vraiment plaisant.	kan bel feʕl rāʾeʕ كان بالفعل رائع
Vous allez me manquer.	ḥatewwḥaʃīny ح توحشني
Vous allez nous manquer.	ḥatewwḥaʃna ح توحشنا

Bonne chance!	ḥazz saʕīd! حظ سعيد!
Mes salutations à ...	taḥīāty le... تحياتي لـ...

Une langue étrangère

Je ne comprends pas.	ana meʃ fāhem أنا مش فاهم
Écrivez-le, s'il vous plaît.	ektebha laww samaḥt إكتبها لو سمحت
Parlez-vous ...?	enta betettkalem ...? انت بتتكلم ...؟
Je parle un peu ...	ana battkallem ʃewaya ... أنا بأتكلم شوية ...
anglais	engilīzy انجليزي
turc	torky تركي
arabe	ʿaraby عربي
français	faransāwy فرنساوي
allemand	almāny ألماني
italien	iṭāly إيطالي
espagnol	asbāny أسباني
portugais	bortoɣāly برتغالي
chinois	ṣīny صيني
japonais	yabāny ياباني
Pouvez-vous le répéter, s'il vous plaît.	momken teʿīd el kalām men faḍlak? ممكن تعيد الكلام من فضلك؟
Je comprends.	ana fāhem انا فاهم
Je ne comprends pas.	ana meʃ fāhem انا مش فاهم
Parlez plus lentement, s'il vous plaît.	momken tetkallem abtaʾ laww samaḥt? ممكن تتكلم ابطأ لو سمحت؟
Est-ce que c'est correct?	keda ṣaḥḥ? كدة صح؟
Qu'est-ce que c'est?	eh da? إيه دة؟

Les excuses

Excusez-moi, s'il vous plaît.	ba'd ezznak, laww samaḥt بعد إذنك، لو سمحت
Je suis désolé /désolée/	ana 'āṣsif أنا آسف
Je suis vraiment /désolée/	ana 'āssif beggad أنا آسف بجد
Désolé /Désolée/, c'est ma faute.	ana 'āssif, di ɣalṭeti أنا آسف، دي غلطتي
Au temps pour moi.	ɣalṭety غلطتي
Puis-je ... ?	momken ...? ممكن ...؟
Ça vous dérange si je ...?	teḍḍāyi' laww ...? تتضايق لو ...؟
Ce n'est pas grave.	mafīʃ moʃkela ما فيش مشكلة
Ça va.	kollo tamām كله تمام
Ne vous inquiétez pas.	mate'la'ʃ ما تقلقش

Les accords

Oui	aywā أيوة
Oui, bien sûr.	aywa, akīd ايوة، أكيد
Bien.	tamām تمام
Très bien.	kowayīs geddan كويس جدا
Bien sûr!	bekol ta'kīd! بكل تأكيد!
Je suis d'accord.	mewāfe' موافق

C'est correct.	da ṣaḥīḥ دة صحيح
C'est exact.	da ṣaḥḥ دة صح
Vous avez raison.	kalāmak ṣaḥḥ كلامك صح
Je ne suis pas contre.	ma'andīʃ māne' ما عنديش مانع
Tout à fait correct.	ṣaḥḥ tamāman صح تماما

C'est possible.	momken ممكن
C'est une bonne idée.	di fekra kewayīsa دي فكرة كويسة
Je ne peux pas dire non.	ma'darʃ a'ūl la' ما أقدرش أقول لأ
J'en serai ravi /ravie/	bekol sorūr حكون سعيد
Avec plaisir.	bekol sorūr بكل سرور

Refus, exprimer le doute

Non	la'a لأ
Absolument pas.	akīd la' أكيد لأ
Je ne suis pas d'accord.	meʃ mewāfe' مش موافق
Je ne le crois pas.	ma 'azzonneʃ keda ما أظنش كدة
Ce n'est pas vrai.	da meʃ ṣaḥīḥ دة مش صحيح
Vous avez tort.	enta ɣalṭān إنت غلطان
Je pense que vous avez tort.	azonn ennak ɣalṭān أظن إنك غلطان
Je ne suis pas sûr /sûre/	meʃ akīd مش أكيد
C'est impossible.	da mos-taḥīl دة مستحيل
Pas du tout!	mafīʃ ḥāga keda! ما فيش حاجة كدة!
Au contraire!	el 'akss tamāman العكس تماما
Je suis contre.	ana ḍedd da أنا ضد دة
Ça m'est égal.	ma yehemmenīʃ ما يهمنيش
Je n'ai aucune idée.	ma'andīʃ fekra ما عنديش فكرة
Je doute que cela soit ainsi.	aʃokk fe da أشك في دة
Désolé /Désolée/, je ne peux pas.	'āssef ma 'qdarʃ آسف، ما أقدرش
Désolé /Désolée/, je ne veux pas.	'āssef meʃ 'ayez آسف، مش عايز
Merci, mais ça ne m'intéresse pas.	ʃokran, bass ana meʃ meḥtāg loh شكرا، بس أنا مش محتاج له
Il se fait tard.	el waqt mett'aχar الوقت متأخر

Je dois me lever tôt.	lāzem aṣṣ-ḥa badry لازم أصحى بدري
Je ne me sens pas bien.	ana ta'bān أنا تعبان

Exprimer la gratitude

Merci.	ʃokran شكرا
Merci beaucoup.	ʃokran gazīlan شكرا جزيلا
Je l'apprécie beaucoup.	ana ḥa'i'i me'addar da أنا حقيقي مقدر دة
Je vous suis très reconnaissant.	ana mommtann līk geddan أنا ممتن لك جدا
Nous vous sommes très reconnaissant.	eḥna mommtannīn līk geddan إحنا ممتنين لك جدا
Merci pour votre temps.	ʃokran ʿla wa'tak شكرا على وقتك
Merci pour tout.	ʃokran ʿla koll ʃey' شكرا على كل شيء
Merci pour ...	ʃokran ʿla ... شكرا على ...
votre aide	mosaʿdetak مساعدتك
les bons moments passés	el waqt الوقت اللطيف
un repas merveilleux	wagba rā'eʿa وجبة رائعة
cette agréable soirée	amsiya mummte'a أمسية ممتعة
cette merveilleuse journée	yome rā'eʿ يوم رائع
une excursion extraordinaire	reḥla mod-heʃa رحلة مدهشة
Il n'y a pas de quoi.	lā ʃokr ʿla wāgeb لا شكر على واجب
Vous êtes les bienvenus.	el ʿafw العفو
Mon plaisir.	ayī waqt أي وقت
J'ai été heureux /heureuse/ de vous aider.	bekol sorūr بكل سرور
Ça va. N'y pensez plus.	ennsa إنسى
Ne vous inquiétez pas.	mate'la'ʃ ما تقلقش

Félicitations. Vœux de fête

Félicitations!	ohannīk! أهنيك!
Joyeux anniversaire!	ʿīd milād saʿīd! عيد ميلاد سعيد!
Joyeux Noël!	ʿīd milād saʿīd! عيد ميلاد سعيد!
Bonne Année!	sana gedīda saʿīda! سنة جديدة سعيدة!
Joyeuses Pâques!	ʃamm nessīm saʿīd! شم نسيم سعيد!
Joyeux Hanoukka!	hanūka saʿīda! هانوكا سعيدة!
Je voudrais proposer un toast.	aḥebb aqtareḥ neʃrab naχab أحب أقترح نشرب نخب
Santé!	fi seḥḥettak في صحتك
Buvons à ...!	yalla neʃrab fe ...! يالا نشرب في ...!
À notre succès!	nagāḥna نجاحنا
À votre succès!	nagāḥak نجاحك
Bonne chance!	ḥazz saʿīd! حظ سعيد!
Bonne journée!	nahārak saʿīd! نهارك سعيد!
Passez de bonnes vacances !	agāza ṭayeba! أجازة طيبة!
Bon voyage!	trūḥ bel salāma! تروح بالسلامة!
Rétablissez-vous vite.	atmanna ennak tataʿāfa besorʿa! أتمنى إنك تتعافى بسرعة!

Socialiser

Pourquoi êtes-vous si triste?	enta leyh za'lān? **إنت ليه زعلان؟**
Souriez!	ebbtassem! farrfeʃ! **إبتسم! فرفش!**
Êtes-vous libre ce soir?	enta fādy el leyla di? **إنت فاضي الليلة دي؟**
Puis-je vous offrir un verre?	momken a'zemak 'la maʃrūb? **ممكن أعزمك على مشروب؟**
Voulez-vous danser?	teḥebb torr'oṣṣ? **تحب ترقص؟**
Et si on va au cinéma?	yalla nerūḥ el sinema **يالل نروح السينما**
Puis-je vous inviter ...	momken a'zemak 'la ...? **ممكن أعزمك على ...؟**
au restaurant	maṭṭ'am **مطعم**
au cinéma	el sinema **السينما**
au théâtre	el masraḥ **المسرح**
pour une promenade	tamʃeya **تمشية**
À quelle heure?	fi ayī sā'a? **في أي ساعة؟**
ce soir	el leyla di **الليلة دي**
à six heures	el sā'a setta **الساعة ستة**
à sept heures	el sā'a sab'a **الساعة سبعة**
à huit heures	el sā'a tamanya **الساعة تمانية**
à neuf heures	el sā'a tess'a **الساعة تسعة**
Est-ce que vous aimez cet endroit?	ya tara 'agbak el makān? **يا ترى عاجبك المكان؟**
Êtes-vous ici avec quelqu'un?	enta hena ma' ḥadd? **إنت هنا مع حد؟**
Je suis avec mon ami.	ana ma' ṣadīq **أنا مع صديق**

Je suis avec mes amis.	ana ma' aṣṣdiqā' أنا مع أصدقاء
Non, je suis seul /seule/	lā, ana waḥḥdy لا، أنا وحدي
As-tu un copain?	hal 'andak ṣadīq? هل عندك صديق؟
J'ai un copain.	ana 'andy ṣadīq أنا عندي صديق
As-tu une copine?	hal 'andak ṣadīqa? هل عندك صديقة؟
J'ai une copine.	ana 'andy ṣadīqa أنا عندي صديقة
Est-ce que je peux te revoir?	a'dar aʃūfak tāny? أقدر أشوفك تاني؟
Est-ce que je peux t'appeler?	a'dar atteṣel bīk? أقدر أتصل بك؟
Appelle-moi.	ettaṣṣel bī إتصل بي
Quel est ton numéro?	eh raqamek? إيه رقمك؟
Tu me manques.	wahaʃtīny وحشتني
Vous avez un très beau nom.	essmek gamīl إسمك جميل
Je t'aime.	oḥebbek أحبك
Veux-tu te marier avec moi?	tettgawwezīny? تتجوزيني؟
Vous plaisantez!	enta bett-hazzar! إنت بتهزر!
Je plaisante.	ana bahazzar bas أنا باهزر بس
Êtes-vous sérieux /sérieuse/?	enta bettettkallem gad? إنت بتتكلم جد؟
Je suis sérieux /sérieuse/	ana gād أنا جاد
Vraiment?!	ṣaḥīḥ? صحيح؟
C'est incroyable!	meʃ ma''ūl! مش معقول!
Je ne vous crois pas.	ana meʃ messad'āk أنا مش مصدقاك
Je ne peux pas.	ma'darʃ ما أقدرش
Je ne sais pas.	ma'rafʃ ما أعرفش
Je ne vous comprends pas	meʃ fahmāk مش فاهماك

Laissez-moi! Allez-vous-en!	men faḍlak temʃy **من فضلك تمشي**
Laissez-moi tranquille!	sebbny lewaḥḥdy! **!سيبني لوحدي**

Je ne le supporte pas.	ana lā aṭīqo **أنا لا أطيقه**
Vous êtes dégoûtant!	enta mo'reff **إنت مقرف**
Je vais appeler la police!	ḥaṭṭlob el ʃorṭa **ح أطلب الشرطة**

Partager des impressions. Émotions

J'aime ça.	ye'gebny يعجبني
C'est gentil.	laṭīf geddan لطيف جدا
C'est super!	da rā'e' دة رائع
C'est assez bien.	da meʃ saye' دة مش سيء
Je n'aime pas ça.	meʃ 'agebny مش عاجبني
Ce n'est pas bien.	meʃ kowayīs مش كويس
C'est mauvais.	da saye' دة سيء
Ce n'est pas bien du tout.	da saye' geddan دة سيء جدا
C'est dégoûtant.	da mo'rreff دة مقرف
Je suis content /contente/	ana sa'īd أنا سعيد
Je suis heureux /heureuse/	ana mabsūṭ أنا مبسوط
Je suis amoureux /amoureuse/	ana baḥebb أنا باحب
Je suis calme.	ana hādy أنا هادي
Je m'ennuie.	ana zah'ān أنا زهقان
Je suis fatigué /fatiguée/	ana ta'bān أنا تعبان
Je suis triste.	ana ḥazīn أنا حزين
J'ai peur.	ana χāyef أنا خايف
Je suis fâché /fâchée/	ana ɣadbān أنا غضبان
Je suis inquiet /inquiète/	ana qalqān أنا قلقان
Je suis nerveux /nerveuse/	ana mutawwatter أنا متوتر

Je suis jaloux /jalouse/	ana ɣayrān **أنا غيران**
Je suis surpris /surprise/	ana mutafāge' **أنا متفاجئ**
Je suis gêné /gênée/	ana morrtabek **أنا مرتبك**

Problèmes. Accidents

J'ai un problème.	ana ʿandy moʃkela أنا عندي مشكلة
Nous avons un problème.	eḥna ʿandena moʃkela إحنا عندنا مشكلة
Je suis perdu /perdue/	ana tāʒeh أنا تايه
J'ai manqué le dernier bus (train).	fātny ʾāaχer otobiis فاتني آخر أوتوبيس
Je n'ai plus d'argent.	meʃ fāḍel maʿaya flūss مش فاضل معايا فلوس
J'ai perdu mon ...	ḍāʿ menny ... betāʿy ضاع مني ... بتاعي
On m'a volé mon ...	ḥadd saraʾ ... betāʿy حد سرق ... بتاعي
passeport	bassbore باسبور
portefeuille	maḥfaza محفظة
papiers	awwarāʾ أوراق
billet	tazzkara تذكرة
argent	folūss فلوس
sac à main	ʃannṭa شنطة
appareil photo	kamera كاميرا
portable	lab tob لاب توب
ma tablette	tablet تابلت
mobile	telefon maḥmūl تليفون محمول
Au secours!	sāʿdny! ساعدني!
Qu'est-il arrivé?	eh elly ḥaṣal? إيه إللي حصل؟
un incendie	harīqa حريقة

des coups de feu	ḍarrb nār ضرب نار
un meurtre	qattl قتل
une explosion	ennfegār إنفجار
une bagarre	χenā'a خناقة

Appelez la police!	ettaṣel bel ʃorṭa! اتصل بالشرطة!
Dépêchez-vous, s'il vous plaît!	besor'a men faḍlak! بسرعة من فضلك!
Je cherche le commissariat de police.	baddawwar 'la qessm el ʃorṭa بادور على قسم الشرطة
Il me faut faire un appel.	meḥtāg a'mel mokalma telefoneya محتاج أعمل مكالمة تليفونية
Puis-je utiliser votre téléphone?	momken asstaχdem telefonak? ممكن أستخدم تليفونك؟

J'ai été …	ana kont … أنا كنت …
agressé /agressée/	ettnaʃalt اتنشلت
volé /volée/	ettsaraqt اتسرقت
violée	oɣtiṣabt اغتصبت
attaqué /attaquée/	ta'arraḍḍt le e'tedā' تعرضت لإعتداء

Est-ce que ça va?	enta beχeyr? إنت بخير؟
Avez-vous vu qui c'était?	ya tara ʃoft meyn? يا ترى شفت مين؟
Pourriez-vous reconnaître cette personne?	te'ddar tett'arraf 'la el ʃaχṣ da? تقدر تتعرف على الشخص دة؟
Vous êtes sûr?	enta muta'kked? إنت متأكد؟

Calmez-vous, s'il vous plaît.	argūk ehda أرجوك إهدا
Calmez-vous!	hawwen 'aleyk! هون عليك!
Ne vous inquiétez pas.	mate'la'ʃ! ما تقلقش!
Tout ira bien.	kol ʃey' ḥaykūn tamām كل شيء ح يكون تمام
Ça va. Tout va bien.	kol ʃey' tamām كل شيء تمام
Venez ici, s'il vous plaît.	ta'āla hena laww samaḥt تعالى هنا لو سمحت

J'ai des questions à vous poser.	ʻandy līk as'ela **عندي لك أسئلة**
Attendez un moment, s'il vous plaît.	esstanna laḥza men faḍlak **إستنى لحظة من فضلك**
Avez-vous une carte d'identité?	ʻandak raqam qawwmy **عندك رقم قومي**
Merci. Vous pouvez partir maintenant.	ʃokran. momken temʃy dellwa'ty **شكرا. ممكن تمشي دلوقتي**
Les mains derrière la tête!	eydeyk wara rāsak! **إيديك ورا راسك!**
Vous êtes arrêté!	enta maqbūḍ ʻaleyk! **إنت مقبوض عليك!**

Problèmes de santé

Aidez-moi, s'il vous plaît.	argūk sā'dny أرجوك ساعدني
Je ne me sens pas bien.	ana ta'bān أنا تعبان
Mon mari ne se sent pas bien.	gouzy ta'bān جوزي تعبان
Mon fils ...	ebny ... إبني ...
Mon père ...	waldy ... والدي ...
Ma femme ne se sent pas bien.	merāty ta'bāna مراتي تعابة
Ma fille ...	bennty ... بنتي ...
Ma mère ...	waldety ... والدتي ...
J'ai mal ...	ana 'andy ... أنا عندي ...
à la tête	ṣodā' صداع
à la gorge	eḥtiqān fel zore إحتقان في الزور
à l'estomac	maɣaṣṣ مغص
aux dents	alam asnān ألم أسنان
J'ai le vertige.	ʃā'er be dawār شاعر بدوار
Il a de la fièvre.	'andak ḥomma عنده حمي
Elle a de la fièvre.	'andaha ḥomma عندها حمي
Je ne peux pas respirer.	meʃ 'āder attnaffess مش قادر أتنفس
J'ai du mal à respirer.	meʃ 'āder attnaffess مش قادر أتنفس
Je suis asthmatique.	ana 'andy azzma أنا عندي أزمة
Je suis diabétique.	ana 'andy el sokkar أنا عندي السكر

Je ne peux pas dormir.	meʃ 'āder anām مش قادر أنام
intoxication alimentaire	tassammom ɣezā'y تسمم غذائي
Ça fait mal ici.	betewwga' hena بتوجع هنا
Aidez-moi!	sā'edny! ساعدني!
Je suis ici!	ana hena! أنا هنا!
Nous sommes ici!	eḥna hena! إحنا هنا!
Sortez-moi d'ici!	χarragūny men hena خرجوني من هنا
J'ai besoin d'un docteur.	ana meḥtāg ṭabīb أنا محتاج طبيب
Je ne peux pas bouger!	meʃ 'āder at-ḥarrak مش قادر أتحرك
Je ne peux pas bouger mes jambes.	meʃ 'āder aḥarrak reglaya مش قادر أحرك رجلية
Je suis blessé /blessée/	'andy garrḥḥ عندي جرح
Est-ce que c'est sérieux?	da beggad? دة بجد؟
Mes papiers sont dans ma poche.	awwrā'y fi geyby أوراقي في جيبي
Calmez-vous!	ehhda'! إهدا!
Puis-je utiliser votre téléphone?	momken asstaχdem telefonak? ممكن أستخدم تليفونك؟
Appelez une ambulance!	oṭlob 'arabeyet es'āf! أطلب عربية إسعاف!
C'est urgent!	di ḥāla messta'gela! دي حالة مستعجلة!
C'est une urgence!	di ḥāla ṭāre'a! دي حالة طارئة!
Dépêchez-vous, s'il vous plaît!	besor'a men faḍlak! بسرعة من فضلك!
Appelez le docteur, s'il vous plaît.	momken tekallem doktore men faḍlak? ممكن تكلم دكتور من فضلك؟
Où est l'hôpital?	feyn el mostaʃfa? فين المستشفى؟
Comment vous sentez-vous?	ḥāsses be eyh dellwa'ty حاسس بإيه دلوقتي؟
Est-ce que ça va?	enta beχeyr? إنت بخير؟
Qu'est-il arrivé?	eh elly ḥaṣal? إيه إللي حصل؟

Je me sens mieux maintenant.	ana ḥāsseṣ eny aḥssan dellwa'ty **أنا حاسس إني أحسن دلوقتي**
Ça va. Tout va bien.	tamām **تمام**
Ça va.	kollo tamām **كله تمام**

À la pharmacie

pharmacie	ṣaydaliya **صيدلية**
pharmacie 24 heures	ṣaydaliya arbʿa we ʿeʃrīn sāʿa **صيدلية 24 ساعة**
Où se trouve la pharmacie la plus proche?	feyn aqrab ṣaydaliya? **فين أقرب صيدلية؟**
Est-elle ouverte en ce moment?	hiya fat-ḥa dellwaʾty? **هي فاتحة دلوقتي؟**
À quelle heure ouvre-t-elle?	betefftaḥ emta? **بتفتح إمتى؟**
à quelle heure ferme-t-elle?	beteʾffel emta? **بتقفل إمتى؟**
C'est loin?	hiya beʿeyda? **هي بعيدة؟**
Est-ce que je peux y aller à pied?	momken awṣal henāk māʃy? **ممكن أوصل هناك ماشي؟**
Pouvez-vous me le montrer sur la carte?	momken tewarrīny ʿlal χarīṭa? **ممكن توريني على الخريطة؟**
Pouvez-vous me donner quelque chose contre ...	men faḍlak eddīny ḥāga le... **من فضلك إديني حاجة لـ...**
le mal de tête	el sodāʿ **الصداع**
la toux	el koḥḥa **الكحة**
le rhume	el bard **البرد**
la grippe	influenza **الأنفلوانزا**
la fièvre	el ḥumma **الحمى**
un mal d'estomac	el maɣaṣṣ **المغص**
la nausée	el ɣasayān **الغثيان**
la diarrhée	el es-hāl **الإسهال**
la constipation	el emsāk **الإمساك**
un mal de dos	alam fel ẓahr **ألم في الظهر**

les douleurs de poitrine	alam fel ṣadr **ألم في الصدر**
les points de côté	ɣorrza ganebiya **غرزة جانبية**
les douleurs abdominales	alam fel baṭṭn **ألم في البطن**

une pilule	ḥabba **حبة**
un onguent, une crème	marham, krīm **مرهم، كريم**
un sirop	ʃarāb **شراب**
un spray	baχāχ **بخاخ**
les gouttes	noqaṭṭ **نقط**

Vous devez allez à l'hôpital.	enta meḥtāg terūḥ **انت محتاج تروح المستشفى**
assurance maladie	ta'mīn ṣeḥḥy **تأمين صحي**
prescription	roʃetta **روشتة**
produit anti-insecte	ṭāred lel ḥaʃarāt **طارد للحشرات**
bandages adhésifs	blastar **بلاستر**

Les essentiels

Excusez-moi, …	ba'd ezznak, … بعد إذنك، …
Bonjour	ahlan أهلا
Merci	ʃokran شكرا
Au revoir	ella alliqā' إلى اللقاء
Oui	aywā أيوة
Non	la'a لأ
Je ne sais pas.	ma'raʃʃ ما أعرفش
Où? | Où? | Quand?	feyn? | lefeyn? | emta? فين؟ | لفين؟ | إمتى؟
J'ai besoin de …	meḥtāg … محتاج …
Je veux …	'āyez … عايز …
Avez-vous … ?	ya tara 'andak …? يا ترى عندك …؟
Est-ce qu'il y a … ici?	feyh hena …? فيه هنا …؟
Puis-je … ?	momken …? ممكن …؟
s'il vous plaît (pour une demande)	… men faḍlak من فضلك …
Je cherche …	ana badawwar 'la … أنا بادور على …
les toilettes	ḥammām حمام
un distributeur	makīnet ṣarraf 'āaly ماكينة صراف آلي
une pharmacie	ṣaydaliya صيدلية
l'hôpital	mostaʃfa مستشفى
le commissariat de police	'essm el ʃorṭa قسم شرطة
une station de métro	metro el anfā' مترو الأنفاق

un taxi	taksi **تاكسي**
la gare	mahaṭṭet el ʾaṭṭr **محطة القطر**

Je m'appelle ...	essmy ... **إسمي...**
Comment vous appelez-vous?	essmak eyh? **اسمك إيه؟**
Aidez-moi, s'il vous plaît.	teʾddar tesāʿdny? **تقدر تساعدني؟**
J'ai un problème.	ana ʿandy moʃkela **أنا عندي مشكلة**
Je ne me sens pas bien.	ana taʿbān **أنا تعبان**
Appelez une ambulance!	oṭlob ʿarabeyet esʿāf! **أطلب عربية إسعاف!**
Puis-je faire un appel?	momken aʿmel mokalma telefoniya? **ممكن أعمل مكالمة تليفونية؟**

Excusez-moi.	ana ʾāssif **أنا آسف**
Je vous en prie.	el ʿafw **العفو**

---

je, moi	ana **أنا**
tu, toi	enta **أنت**
il	howwa **هو**
elle	hiya **هي**
ils	homm **هم**
elles	homm **هم**
nous	eḥna **احنا**
vous	entom **انتم**
Vous	ḥaḍdretak **حضرتك**

ENTRÉE	doχūl **دخول**
SORTIE	χorūg **خروج**
HORS SERVICE | EN PANNE	ʿaṭṭlān **عطلان**
FERMÉ	moɣlaq **مغلق**

OUVERT	maftūḥ مفتوح
POUR LES FEMMES	lel sayedāt للسيدات
POUR LES HOMMES	lel regāl للرجال

VOCABULAIRE THÉMATIQUE

Cette section contient plus de 3000 des mots les plus importants. Le dictionnaire sera d'une aide indispensable lors de voyages à l'étranger puisque les mots individuels sont souvent assez pour être compris. Le dictionnaire comprend une transcription utile de chaque mot

T&P Books Publishing

CONTENU DU DICTIONNAIRE

T&P Books Publishing

CONCEPTS DE BASE

T&P Books Publishing

1. Les pronoms

je	ana	أنا
tu (masc.)	anta	أنت
tu (fem.)	anti	أنت
il	huwa	هو
elle	hiya	هي
nous	naḥnu	نحن
vous	antum	أنتم
ils, elles	hum	هم

2. Adresser des vœux. Se dire bonjour

Bonjour! (form.)	as salāmu ʿalaykum!	السلام عليكم!
Bonjour! (le matin)	ṣabāḥ al χayr!	صباح الخير!
Bonjour! (après-midi)	nahārak saʿīd!	نهارك سعيد!
Bonsoir!	masāʾ al χayr!	مساء الخير!
dire bonjour	sallam	سلّم
Salut!	salām!	سلام!
salut (m)	salām (m)	سلام
saluer (vt)	sallam ʿala	سلّم على
Comment ça va?	kayfa ḥāluka?	كيف حالك؟
Quoi de neuf?	ma aχbārak?	ما أخبارك؟
Au revoir!	maʿ as salāma!	مع السلامة!
À bientôt!	ilal liqāʾ!	إلى اللقاء!
Adieu!	maʿ as salāma!	مع السلامة!
dire au revoir	waddaʿ	ودّع
Salut! (À bientôt!)	bay bay!	باي باي!
Merci!	ʃukran!	شكرًا!
Merci beaucoup!	ʃukran ʒazīlan!	شكرًا جزيلًا!
Je vous en prie	ʿafwan	عفوا
Il n'y a pas de quoi	la ʃukr ʿala wāʒib	لا شكر على واجب
Pas de quoi	al ʿafw	العفو
Excuse-moi!	ʿan iðnak!	عن أذنك!
Excusez-moi!	ʿafwan!	عفوًا!
excuser (vt)	ʿaðar	عذر
s'excuser (vp)	iʿtaðar	إعتذر
Mes excuses	ana ʾāsif	أنا آسف

Pardonnez-moi!	la tu'āχiðni!	!لا تؤاخذني
pardonner (vt)	'afa	عفا
s'il vous plaît	min faḍlak	من فضلك
N'oubliez pas!	la tansa!	!لا تنس
Bien sûr!	ṭab'an!	!طبعًا
Bien sûr que non!	abadan!	!أبدًا
D'accord!	ittafaqna!	!إتّفقنا
Ça suffit!	kifāya!	!كفاية

3. Les questions

Qui?	man?	من؟
Quoi?	māða?	ماذا؟
Où? (~ es-tu?)	ayna?	أين؟
Où? (~ vas-tu?)	ila ayna?	إلى أين؟
D'où?	min ayna?	من أين؟
Quand?	mata?	متى؟
Pourquoi? (~ es-tu venu?)	li māða?	لماذا؟
Pourquoi? (~ t'es pâle?)	li māða?	لماذا؟
À quoi bon?	li māða?	لماذا؟
Comment?	kayfa?	كيف؟
Quel? (à ~ prix?)	ay?	أي؟
Lequel?	ay?	أي؟
À qui? (pour qui?)	li man?	لمن؟
De qui?	'amman?	عمّن؟
De quoi?	'amma?	عمّا؟
Avec qui?	ma' man?	مع من؟
Combien?	kam?	كم؟
À qui? (~ est ce livre?)	li man?	لمن؟

4. Les prépositions

avec (~ toi)	ma'	مع
sans (~ sucre)	bi dūn	بدون
à (aller ~ ...)	ila	إلى
de (au sujet de)	'an	عن
avant (~ midi)	qabl	قبل
devant (~ la maison)	amām	أمام
sous (~ la commode)	taḥt	تحت
au-dessus de ...	fawq	فوق
sur (dessus)	'ala	على
de (venir ~ Paris)	min	من
en (en bois, etc.)	min	من

dans (~ deux heures)	baʿd	بعد
par dessus	ʿabr	عبر

5. Les mots-outils. Les adverbes. Partie 1

Où? (~ es-tu?)	ayna?	أين؟
ici (c'est ~)	huna	هنا
là-bas (c'est ~)	hunāk	هناك
quelque part (être)	fi makānin ma	في مكان ما
nulle part (adv)	la fi ay makān	لا في أي مكان
près de ...	bi ʒānib	بجانب
près de la fenêtre	bi ʒānib aʃ ʃubbāk	بجانب الشبّاك
Où? (~ vas-tu?)	ila ayna?	إلى أين؟
ici (Venez ~)	huna	هنا
là-bas (j'irai ~)	hunāk	هناك
d'ici (adv)	min huna	من هنا
de là-bas (adv)	min hunāk	من هناك
près (pas loin)	qarīban	قريبًا
loin (adv)	baʕīdan	بعيدًا
près de (~ Paris)	ʿind	عند
tout près (adv)	qarīban	قريبًا
pas loin (adv)	ɣayr baʕīd	غير بعيد
gauche (adj)	al yasār	اليسار
à gauche (être ~)	ʿalaʃ ʃimāl	على الشمال
à gauche (tournez ~)	ilaʃ ʃimāl	إلى الشمال
droit (adj)	al yamīn	اليمين
à droite (être ~)	ʿalal yamīn	على اليمين
à droite (tournez ~)	Ilal yamīn	إلى اليمين
devant (adv)	min al amām	من الأمام
de devant (adj)	amāmiy	أماميّ
en avant (adv)	ilal amām	إلى الأمام
derrière (adv)	warāʾ	وراء
par derrière (adv)	min al warāʾ	من الوراء
en arrière (regarder ~)	ilal warāʾ	إلى الوراء
milieu (m)	wasaṭ (m)	وسط
au milieu (adv)	fil wasat	في الوسط
de côté (vue ~)	bi ʒānib	بجانب
partout (adv)	fi kull makān	في كل مكان
autour (adv)	ḥawl	حول

de l'intérieur	min ad dāχil	من الداخل
quelque part (aller)	ila ayy makān	إلى أيّ مكان
tout droit (adv)	bi aqṣar ṭarīq	بأقصر طريق
en arrière (revenir ~)	ʾīyāban	إيابًا
de quelque part (n'import d'où)	min ayy makān	من أي مكان
de quelque part (on ne sait pas d'où)	min makānin ma	من مكان ما
premièrement (adv)	awwalan	أوّلًا
deuxièmement (adv)	θāniyan	ثانيًا
troisièmement (adv)	θāliθan	ثالثًا
soudain (adv)	faʒʾa	فجأة
au début (adv)	fil bidāya	في البداية
pour la première fois	li ʾawwal marra	لأوّل مرّة
bien avant ...	qabl ... bi mudda ṭawīla	بمدّة طويلة...قبل
de nouveau (adv)	min ʒadīd	من جديد
pour toujours (adv)	ilal abad	إلى الأبد
jamais (adv)	abadan	أبدًا
de nouveau, encore (adv)	min ʒadīd	من جديد
maintenant (adv)	al ʾān	الآن
souvent (adv)	kaθīran	كثيرًا
alors (adv)	fi ðalika al waqt	في ذلك الوقت
d'urgence (adv)	ʿāʒilan	عاجلًا
d'habitude (adv)	kal ʿāda	كالعادة
à propos, ...	ʿala fikra ...	...على فكرة
c'est possible	min al mumkin	من الممكن
probablement (adv)	laʿalla	لعلّ
peut-être (adv)	min al mumkin	من الممكن
en plus, ...	bil iḍāfa ila ðalik ...	...بالإضافة إلى
c'est pourquoi ...	li ðalik	لذلك
malgré ...	bir raɣm min ...	...بالرغم من
grâce à ...	bi faḍl ...	...بفضل
quoi (pron)	allaði	الذي
que (conj)	anna	أنّ
quelque chose (Il m'est arrivé ~)	ʃayʾ (m)	شيء
quelque chose (peut-on faire ~)	ʃayʾ (m)	شيء
rien (m)	la ʃayʾ	لا شيء
qui (pron)	allaði	الذي
quelqu'un (on ne sait pas qui)	aḥad	أحد
quelqu'un (n'importe qui)	aḥad	أحد
personne (pron)	la aḥad	لا أحد
nulle part (aller ~)	la ila ay makān	لا إلى أي مكان

de personne	la yaχuṣṣ aḥad	لا يخص أحدًا
de n'importe qui	li aḥad	لأحد
comme ça (adv)	hakaða	هكذا
également (adv)	kaðalika	كذلك
aussi (adv)	ayḍan	أيضًا

6. Les mots-outils. Les adverbes. Partie 2

Pourquoi?	li māða?	لماذا؟
pour une certaine raison	li sababin ma	لسبب ما
parce que …	li'anna …	...لأنّ
pour une raison quelconque	li amr mā	لأمر ما
et (conj)	wa	و
ou (conj)	aw	أو
mais (conj)	lakin	لكن
pour … (prep)	li	لـ
trop (adv)	kaθīran ʒiddan	كثير جدّاً
seulement (adv)	faqaṭ	فقط
précisément (adv)	biḍ ḍabṭ	بالضبط
près de … (prep)	naḥw	نحو
approximativement	taqrīban	تقريبًا
approximatif (adj)	taqrībiy	تقريبيّ
presque (adv)	taqrīban	تقريبًا
reste (m)	al bāqi (m)	الباقي
chaque (adj)	kull	كلّ
n'importe quel (adj)	ayy	أيّ
beaucoup (adv)	kaθīr	كثير
plusieurs (pron)	kaθīr min an nās	كثير من الناس
tous	kull an nās	كل الناس
en échange de …	muqābil …	...مقابل
en échange (adv)	muqābil	مقابل
à la main (adv)	bil yad	باليد
peu probable (adj)	hayhāt	هيهات
probablement (adv)	la'alla	لعلّ
exprès (adv)	qaṣdan	قصدا
par accident (adv)	ṣudfa	صدفة
très (adv)	ʒiddan	جدًّا
par exemple (adv)	maθalan	مثلًا
entre (prep)	bayn	بين
parmi (prep)	bayn	بين
autant (adv)	haðihi al kammiyya	هذه الكمية
surtout (adv)	χāṣṣa	خاصّة

NOMBRES. DIVERS

T&P Books Publishing

7. Les nombres cardinaux. Partie 1

zéro	ṣifr	صفر
un	wāḥid	واحد
une	wāḥida	واحدة
deux	iθnān	إثنان
trois	θalāθa	ثلاثة
quatre	arbaʿa	أربعة
cinq	χamsa	خمسة
six	sitta	ستّة
sept	sabʿa	سبعة
huit	θamāniya	ثمانية
neuf	tisʿa	تسعة
dix	ʿaʃara	عشرة
onze	aḥad ʿaʃar	أحد عشر
douze	iθnā ʿaʃar	إثنا عشر
treize	θalāθat ʿaʃar	ثلاثة عشر
quatorze	arbaʿat ʿaʃar	أربعة عشر
quinze	χamsat ʿaʃar	خمسة عشر
seize	sittat ʿaʃar	ستّة عشر
dix-sept	sabʿat ʿaʃar	سبعة عشر
dix-huit	θamāniyat ʿaʃar	ثمانية عشر
dix-neuf	tisʿat ʿaʃar	تسعة عشر
vingt	ʿiʃrūn	عشرون
vingt et un	wāḥid wa ʿiʃrūn	واحد وعشرون
vingt-deux	iθnān wa ʿiʃrūn	إثنان وعشرون
vingt-trois	θalāθa wa ʿiʃrūn	ثلاثة وعشرون
trente	θalāθīn	ثلاثون
trente et un	wāḥid wa θalāθūn	واحد وثلاثون
trente-deux	iθnān wa θalāθūn	إثنان وثلاثون
trente-trois	θalāθa wa θalāθūn	ثلاثة وثلاثون
quarante	arbaʿūn	أربعون
quarante et un	wāḥid wa arbaʿūn	واحد وأربعون
quarante-deux	iθnān wa arbaʿūn	إثنان وأربعون
quarante-trois	θalāθa wa arbaʿūn	ثلاثة وأربعون
cinquante	χamsūn	خمسون
cinquante et un	wāḥid wa χamsūn	واحد وخمسون
cinquante-deux	iθnān wa χamsūn	إثنان وخمسون
cinquante-trois	θalāθa wa χamsūn	ثلاثة وخمسون

soixante	sittūn	ستّون
soixante et un	wāḥid wa sittūn	واحد وستّون
soixante-deux	iθnān wa sittūn	إثنان وستّون
soixante-trois	θalāθa wa sittūn	ثلاثة وستّون
soixante-dix	sab'ūn	سبعون
soixante et onze	wāḥid wa sab'ūn	واحد وسبعون
soixante-douze	iθnān wa sab'ūn	إثنان وسبعون
soixante-treize	θalāθa wa sab'ūn	ثلاثة وسبعون
quatre-vingts	θamānūn	ثمانون
quatre-vingt et un	wāḥid wa θamānūn	واحد وثمانون
quatre-vingt deux	iθnān wa θamānūn	إثنان وثمانون
quatre-vingt trois	θalāθa wa θamānūn	ثلاثة وثمانون
quatre-vingt-dix	tis'ūn	تسعون
quatre-vingt et onze	wāḥid wa tis'ūn	واحد وتسعون
quatre-vingt-douze	iθnān wa tis'ūn	إثنان وتسعون
quatre-vingt-treize	θalāθa wa tis'ūn	ثلاثة وتسعون

8. Les nombres cardinaux. Partie 2

cent	mi'a	مائة
deux cents	mi'atān	مائتان
trois cents	θalāθumi'a	ثلاثمائة
quatre cents	rub'umi'a	أربعمائة
cinq cents	χamsumi'a	خمسمائة
six cents	sittumi'a	ستّمائة
sept cents	sab'umi'a	سبعمائة
huit cents	θamānimi'a	ثمانمائة
neuf cents	tis'umi'a	تسعمائة
mille	alf	ألف
deux mille	alfān	ألفان
trois mille	θalāθat 'ālāf	ثلاثة آلاف
dix mille	'aʃarat 'ālāf	عشرة آلاف
cent mille	mi'at alf	مائة ألف
million (m)	milyūn (m)	مليون
milliard (m)	milyār (m)	مليار

9. Les nombres ordinaux

premier (adj)	awwal	أوّل
deuxième (adj)	θāni	ثان
troisième (adj)	θāliθ	ثالث
quatrième (adj)	rābi'	رابع
cinquième (adj)	χāmis	خامس

sixième (adj)	sādis	سادس
septième (adj)	sābiʿ	سابع
huitième (adj)	θāmin	ثامن
neuvième (adj)	tāsiʿ	تاسع
dixième (adj)	ʿāʃir	عاشر

LES COULEURS. LES UNITÉS DE MESURE

T&P Books Publishing

10. Les couleurs

couleur (f)	lawn (m)	لون
teinte (f)	daraʒat al lawn (m)	درجة اللون
ton (m)	ṣabɣit lūn (f)	لون
arc-en-ciel (m)	qaws quzaḥ (m)	قوس قزح
blanc (adj)	abyaḍ	أبيض
noir (adj)	aswad	أسود
gris (adj)	ramādiy	رماديّ
vert (adj)	aχḍar	أخضر
jaune (adj)	aṣfar	أصفر
rouge (adj)	aḥmar	أحمر
bleu (adj)	azraq	أزرق
bleu clair (adj)	azraq fātiḥ	أزرق فاتح
rose (adj)	wardiy	ورديّ
orange (adj)	burtuqāliy	برتقاليّ
violet (adj)	banafsaʒiy	بنفسجي
brun (adj)	bunniy	بنّي
d'or (adj)	ðahabiy	ذهبيّ
argenté (adj)	fiḍḍiy	فضي
beige (adj)	bɛ:ʒ	بيج
crème (adj)	ʿāʒiy	عاجيّ
turquoise (adj)	fayrūziy	فيروزيّ
rouge cerise (adj)	karaziy	كرزيّ
lilas (adj)	laylakiy	ليلكيّ
framboise (adj)	qirmiziy	قرمزيّ
clair (adj)	fātiḥ	فاتح
foncé (adj)	ɣāmiq	غامق
vif (adj)	zāhi	زاه
de couleur (adj)	mulawwan	ملوّن
en couleurs (adj)	mulawwan	ملوّن
noir et blanc (adj)	abyaḍ wa aswad	أبيض وأسود
unicolore (adj)	waḥīd al lawn, sāda	وحيد اللون, سادة
multicolore (adj)	mutaʿaddid al alwān	متعدّد الألوان

11. Les unités de mesure

poids (m)	wazn (m)	وزن
longueur (f)	ṭūl (m)	طول

largeur (f)	ʿarḍ (m)	عرض
hauteur (f)	irtifāʿ (m)	إرتفاع
profondeur (f)	ʿumq (m)	عمق
volume (m)	ḥaʒm (m)	حجم
aire (f)	misāḥa (f)	مساحة
gramme (m)	grām (m)	جرام
milligramme (m)	milliɣrām (m)	ملّيغرام
kilogramme (m)	kiluɣrām (m)	كيلوغرام
tonne (f)	ṭunn (m)	طنّ
livre (f)	raṭl (m)	رطل
once (f)	ūnṣa (f)	أونصة
mètre (m)	mitr (m)	متر
millimètre (m)	millimitr (m)	ملّيمتر
centimètre (m)	santimitr (m)	سنتيمتر
kilomètre (m)	kilumitr (m)	كيلومتر
mille (m)	mīl (m)	ميل
pouce (m)	būṣa (f)	بوصة
pied (m)	qadam (f)	قدم
yard (m)	yārda (f)	ياردة
mètre (m) carré	mitr murabbaʿ (m)	متر مربّع
hectare (m)	hiktār (m)	هكتار
litre (m)	litr (m)	لتر
degré (m)	daraʒa (f)	درجة
volt (m)	vūlt (m)	فولت
ampère (m)	ambīr (m)	أمبير
cheval-vapeur (m)	ḥiṣān (m)	حصان
quantité (f)	kammiyya (f)	كمّيّة
un peu de ...	qalīl ...	قليل...
moitié (f)	niṣf (m)	نصف
douzaine (f)	iθnā ʿaʃar (f)	إثنا عشر
pièce (f)	waḥda (f)	وحدة
dimension (f)	ḥaʒm (m)	حجم
échelle (f) (de la carte)	miqyās (m)	مقياس
minimal (adj)	al adna	الأدنى
le plus petit (adj)	al aṣɣar	الأصغر
moyen (adj)	mutawassiṭ	متوسّط
maximal (adj)	al aqṣa	الأقصى
le plus grand (adj)	al akbar	الأكبر

12. Les récipients

bocal (m) en verre	barṭamān (m)	برطمان
boîte, canette (f)	tanaka (f)	تنكة

seau (m)	ʒardal (m)	جردل
tonneau (m)	barmīl (m)	برميل
bassine, cuvette (f)	ḥawḍ lil ɣasīl (m)	حوض للغسيل
cuve (f)	χazzān (m)	خزّان
flasque (f)	zamzamiyya (f)	زمزميّة
jerrican (m)	ʒirikan (m)	جركن
citerne (f)	χazzān (m)	خزّان
tasse (f), mug (m)	māgg (m)	ماجّ
tasse (f)	finʒān (m)	فنجان
soucoupe (f)	ṭabaq finʒān (m)	طبق فنجان
verre (m) (~ d'eau)	kubbāya (f)	كبّاية
verre (m) à vin	ka's (f)	كأس
faitout (m)	kassirūlla (f)	كاسرولة
bouteille (f)	zuʒāʒa (f)	زجاجة
goulot (m)	ʻunq (m)	عنق
carafe (f)	dawraq zuʒāʒiy (m)	دورق زجاجيّ
pichet (m)	ibrīq (m)	إبريق
récipient (m)	inā' (m)	إناء
pot (m)	aṣīṣ (m)	أصيص
vase (m)	vāza (f)	فازة
flacon (m)	zuʒāʒa (f)	زجاجة
fiole (f)	zuʒāʒa (f)	زجاجة
tube (m)	umbūba (f)	أنبوبة
sac (m) (grand ~)	kīs (m)	كيس
sac (m) (~ en plastique)	kīs (m)	كيس
paquet (m) (~ de cigarettes)	ʻulba (f)	علبة
boîte (f)	ʻulba (f)	علبة
caisse (f)	ṣundū' (m)	صندوق
panier (m)	salla (f)	سلّة

LES VERBES LES PLUS IMPORTANTS

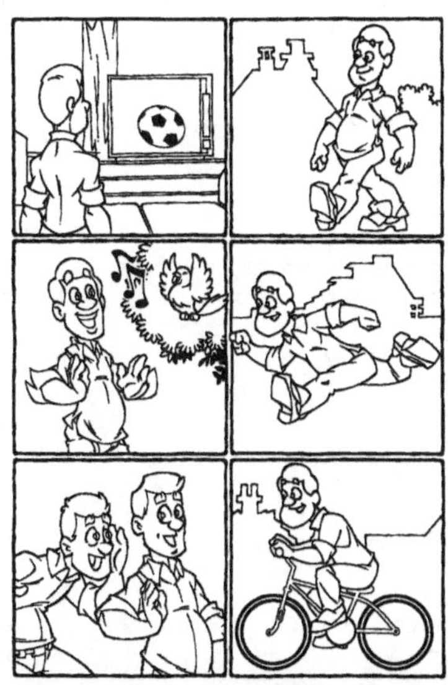

T&P Books Publishing

13. Les verbes les plus importants. Partie 1

aider (vt)	sāʿad	ساعد
aimer (qn)	aḥabb	أحبّ
aller (à pied)	maʃa	مشى
apercevoir (vt)	lāḥaẓ	لاحظ
appartenir à …	χaṣṣ	خصّ
appeler (au secours)	istaɣāθ	إستغاث
attendre (vt)	inṭazar	إنتظر
attraper (vt)	amsak	أمسك
avertir (vt)	ḥaððar	حذّر
avoir (vt)	malak	ملك
avoir confiance	waθiq	وثق
avoir faim	arād an yaʾkul	أراد أن يأكل
avoir peur	χāf	خاف
avoir soif	arād an yaʃrab	أراد أن يشرب
cacher (vt)	χabaʾ	خبأ
casser (briser)	kasar	كسر
cesser (vt)	tawaqqaf	توقّف
changer (vt)	ɣayyar	غيّر
chasser (animaux)	iṣṭād	إصطاد
chercher (vt)	baḥaθ	بحث
choisir (vt)	iχtār	إختار
commander (~ le menu)	ṭalab	طلب
commencer (vt)	badaʾ	بدأ
comparer (vt)	qāran	قارن
comprendre (vt)	fahim	فهم
compter (dénombrer)	ʿadd	عدّ
compter sur …	iʿtamad ʿala …	إعتمد على...
confondre (vt)	iχtalaṭ	إختلط
connaître (qn)	ʿaraf	عرف
conseiller (vt)	naṣaḥ	نصح
continuer (vt)	istamarr	إستمرّ
contrôler (vt)	taḥakkam	تحكّم
courir (vi)	ʒara	جرى
coûter (vt)	kallaf	كلّف
créer (vt)	χalaq	خلق
creuser (vt)	ḥafar	حفر
crier (vi)	ṣaraχ	صرخ

14. Les verbes les plus importants. Partie 2

décorer (~ la maison)	zayyan	زيّن
défendre (vt)	dāfaʿ	دافع
déjeuner (vi)	taɣadda	تغدّى
demander (~ l'heure)	saʾal	سأل
demander (de faire qch)	ṭalab	طلب
descendre (vi)	nazil	نزل
deviner (vt)	χamman	خمّن
dîner (vi)	taʿaʃʃa	تعشّى
dire (vt)	qāl	قال
diriger (~ une usine)	adār	أدار
discuter (vt)	nāqaʃ	ناقش
donner (vt)	aʿṭa	أعطى
donner un indice	aʿṭa talmīḥ	أعطى تلميحًا
douter (vt)	ʃakk fi	شكّ في
écrire (vt)	katab	كتب
entendre (bruit, etc.)	samiʿ	سمع
entrer (vi)	daχal	دخل
envoyer (vt)	arsal	أرسل
espérer (vi)	tamanna	تمنّى
essayer (vt)	ḥāwal	حاول
être (vi)	kān	كان
être d'accord	ittafaq	إتّفق
être nécessaire	kān maṭlūb	كان مطلوبا
être pressé	istaʿʒal	إستعجل
étudier (vt)	daras	درس
exiger (vt)	ṭālib	طالب
exister (vi)	kān mawʒūd	كان موجودًا
expliquer (vt)	ʃaraḥ	شرح
faire (vt)	ʿamal	عمل
faire tomber	awqaʿ	أوقع
finir (vt)	atamm	أتمّ
garder (conserver)	ḥafaẓ	حفظ
gronder, réprimander (vt)	wabbaχ	وبّخ
informer (vt)	aχbar	أخبر
insister (vi)	aṣarr	أصرّ
insulter (vt)	ahān	أهان
inviter (vt)	daʿa	دعا
jouer (s'amuser)	laʿib	لعب

15. Les verbes les plus importants. Partie 3

libérer (ville, etc.)	ḥarrar	حرّر
lire (vi, vt)	qara'	قرأ
louer (prendre en location)	ista'ʒar	إستأجر
manquer (l'école)	ɣāb	غاب
menacer (vt)	haddad	هدّد
mentionner (vt)	ðakar	ذكر
montrer (vt)	'araḍ	عرض
nager (vi)	sabaḥ	سبح
objecter (vt)	i'taraḍ	إعترض
observer (vt)	rāqab	راقب
ordonner (mil.)	amar	أمر
oublier (vt)	nasiy	نسي
ouvrir (vt)	fataḥ	فتح
pardonner (vt)	'afa	عفا
parler (vi, vt)	takallam	تكلّم
participer à …	iʃtarak	إشترك
payer (régler)	dafa'	دفع
penser (vi, vt)	ẓann	ظنّ
permettre (vt)	raχχaṣ	رخّص
plaire (être apprécié)	a'ʒab	أعجب
plaisanter (vi)	mazaḥ	مزح
planifier (vt)	χaṭṭaṭ	خطّط
pleurer (vi)	baka	بكى
posséder (vt)	malak	ملك
pouvoir (v aux)	istaṭā'	إستطاع
préférer (vt)	faḍḍal	فضّل
prendre (vt)	aχað	أخذ
prendre en note	katab	كتب
prendre le petit déjeuner	afṭar	أفطر
préparer (le dîner)	ḥaḍḍar	حضّر
prévoir (vt)	tanabba'	تنبّأ
prier (~ Dieu)	ṣalla	صلّى
promettre (vt)	wa'ad	وعد
prononcer (vt)	naṭaq	نطق
proposer (vt)	iqtaraḥ	إقترح
punir (vt)	'āqab	عاقب

16. Les verbes les plus importants. Partie 4

recommander (vt)	naṣaḥ	نصح
regretter (vt)	nadim	ندم

répéter (dire encore)	karrar	كرّر
répondre (vi, vt)	aʒāb	أجاب
réserver (une chambre)	ḥaʒaz	حجز
rester silencieux	sakat	سكت
réunir (regrouper)	waḥḥad	وحّد
rire (vi)	ḍaḥik	ضحك
s'arrêter (vp)	waqaf	وقف
s'asseoir (vp)	ʒalas	جلس
sauver (la vie à qn)	anqað	أنقذ
savoir (qch)	ʿaraf	عرف
se baigner (vp)	sabaḥ	سبح
se plaindre (vp)	ʃaka	شكا
se refuser (vp)	rafaḍ	رفض
se tromper (vp)	aχṭaʾ	أخطأ
se vanter (vp)	tabāha	تباهى
s'étonner (vp)	indahaʃ	إندهش
s'excuser (vp)	iʿtaðar	إعتذر
signer (vt)	waqqaʿ	وقّع
signifier (vt)	ʿana	عني
s'intéresser (vp)	ihtamm	إهتمّ
sortir (aller dehors)	χaraʒ	خرج
sourire (vi)	ibtasam	إبتسم
sous-estimer (vt)	istaχaff	إستخفّ
suivre … (suivez-moi)	tabaʿ	تبع
tirer (vi)	aṭlaq an nār	أطلق النار
tomber (vi)	saqaṭ	سقط
toucher (avec les mains)	lamas	لمس
tourner (~ à gauche)	inʿaṭaf	إنعطف
traduire (vt)	tarʒam	ترجم
travailler (vi)	ʿamal	عمل
tromper (vt)	χadaʿ	خدع
trouver (vt)	waʒad	وجد
tuer (vt)	qatal	قتل
vendre (vt)	bāʿ	باع
venir (vi)	waṣal	وصل
voir (vt)	raʾa	رأى
voler (avion, oiseau)	ṭār	طار
voler (qch à qn)	saraq	سرق
vouloir (vt)	arād	أراد

LA NOTION DE TEMPS. LE CALENDRIER

T&P Books Publishing

17. Les jours de la semaine

lundi (m)	yawm al iθnayn (m)	يوم الإثنين
mardi (m)	yawm aθ θulāθā' (m)	يوم الثلاثاء
mercredi (m)	yawm al arbi'ā' (m)	يوم الأربعاء
jeudi (m)	yawm al χamīs (m)	يوم الخميس
vendredi (m)	yawm al ʒum'a (m)	يوم الجمعة
samedi (m)	yawm as sabt (m)	يوم السبت
dimanche (m)	yawm al aḥad (m)	يوم الأحد
aujourd'hui (adv)	al yawm	اليوم
demain (adv)	ɣadan	غداً
après-demain (adv)	ba'd ɣad	بعد غد
hier (adv)	ams	أمس
avant-hier (adv)	awwal ams	أوّل أمس
jour (m)	yawm (m)	يوم
jour (m) ouvrable	yawm 'amal (m)	يوم عمل
jour (m) férié	yawm al 'uṭla ar rasmiyya (m)	يوم العطلة الرسمية
jour (m) de repos	yawm 'uṭla (m)	يوم عطلة
week-end (m)	ayyām al 'uṭla (pl)	أيام العطلة
toute la journée	ṭūl al yawm	طول اليوم
le lendemain	fil yawm at tāli	في اليوم التالي
il y a 2 jours	min yawmayn	قبل يومين
la veille	fil yawm as sābiq	في اليوم السابق
quotidien (adj)	yawmiy	يومي
tous les jours	yawmiyyan	يومياً
semaine (f)	usbū' (m)	أسبوع
la semaine dernière	fil isbū' al māḍi	في الأسبوع الماضي
la semaine prochaine	fil isbū' al qādim	في الأسبوع القادم
hebdomadaire (adj)	usbū'iy	أسبوعي
chaque semaine	usbū'iyyan	أسبوعياً
2 fois par semaine	marratayn fil usbū'	مرّتين في الأسبوع
tous les mardis	kull yawm aθ θulaθā'	كل يوم الثلاثاء

18. Les heures. Le jour et la nuit

matin (m)	ṣabāḥ (m)	صباح
le matin	fiṣ ṣabāḥ	في الصباح
midi (m)	ẓuhr (m)	ظهر
dans l'après-midi	ba'd aẓ ẓuhr	بعد الظهر

soir (m)	masā' (m)	مساء
le soir	fil masā'	في المساء
nuit (f)	layl (m)	ليل
la nuit	bil layl	بالليل
minuit (f)	muntaṣif al layl (m)	منتصف الليل
seconde (f)	θāniya (f)	ثانية
minute (f)	daqīqa (f)	دقيقة
heure (f)	sā'a (f)	ساعة
demi-heure (f)	niṣf sā'a (m)	نصف ساعة
un quart d'heure	rub' sā'a (f)	ربع ساعة
quinze minutes	χamsat 'aʃar daqīqa	خمس عشرة دقيقة
vingt-quatre heures	yawm kāmil (m)	يوم كامل
lever (m) du soleil	ʃurūq aʃ ʃams (m)	شروق الشمس
aube (f)	faʒr (m)	فجر
point (m) du jour	ṣabāḥ bākir (m)	صباح باكر
coucher (m) du soleil	ɣurūb aʃ ʃams (m)	غروب الشمس
tôt le matin	fis ṣabāḥ al bākir	في الصباح الباكر
ce matin	al yawm fiṣ ṣabāḥ	اليوم في الصباح
demain matin	ɣadan fiṣ ṣabāḥ	غدًا في الصباح
cet après-midi	al yawm ba'd aẓ ẓuhr	اليوم بعد الظهر
dans l'après-midi	ba'd aẓ ẓuhr	بعد الظهر
demain après-midi	ɣadan ba'd aẓ ẓuhr	غدًا بعد الظهر
ce soir	al yawm fil masā'	اليوم في المساء
demain soir	ɣadan fil masā'	غدًا في المساء
à 3 heures précises	fis sā'a aθ θāliθa tamāman	في الساعة الثالثة تماما
autour de 4 heures	fis sā'a ar rābi'a taqrīban	في الساعة الرابعة تقريبا
vers midi	ḥattas sā'a aθ θāniya 'aʃara	حتى الساعة الثانية عشرة
dans 20 minutes	ba'd 'iʃrīn daqīqa	بعد عشرين دقيقة
dans une heure	ba'd sā'a	بعد ساعة
à temps	fi maw'idih	في موعده
... moins le quart	illa rub'	إلا ربع
en une heure	ṭiwāl sā'a	طوال الساعة
tous les quarts d'heure	kull rub' sā'a	كل ربع ساعة
24 heures sur 24	layl nahār	ليل نهار

19. Les mois. Les saisons

janvier (m)	yanāyir (m)	يناير
février (m)	fibrāyir (m)	فبراير
mars (m)	māris (m)	مارس
avril (m)	abrīl (m)	أبريل
mai (m)	māyu (m)	مايو

juin (m)	yūnyu (m)	يونيو
juillet (m)	yūlyu (m)	يوليو
août (m)	aɣusṭus (m)	أغسطس
septembre (m)	sibtambar (m)	سبتمبر
octobre (m)	uktūbir (m)	أكتوبر
novembre (m)	nuvimbar (m)	نوفمبر
décembre (m)	disimbar (m)	ديسمبر
printemps (m)	rabīʿ (m)	ربيع
au printemps	fir rabīʿ	في الربيع
de printemps (adj)	rabīʿiy	ربيعي
été (m)	ṣayf (m)	صيف
en été	fiṣ ṣayf	في الصيف
d'été (adj)	ṣayfiy	صيفي
automne (m)	χarīf (m)	خريف
en automne	fil χarīf	في الخريف
d'automne (adj)	χarīfiy	خريفيّ
hiver (m)	ʃitāʾ (m)	شتاء
en hiver	fiʃ ʃitāʾ	في الشتاء
d'hiver (adj)	ʃitawiy	شتويّ
mois (m)	ʃahr (m)	شهر
ce mois	fi haða aʃ ʃahr	في هذا الشهر
le mois prochain	fiʃ ʃahr al qādim	في الشهر القادم
le mois dernier	fiʃ ʃahr al māḍi	في الشهر الماضي
il y a un mois	qabl ʃahr	قبل شهر
dans un mois	baʿd ʃahr	بعد شهر
dans 2 mois	baʿd ʃahrayn	بعد شهرين
tout le mois	ṭūl aʃ ʃahr	طول الشهر
tout un mois	ʃahr kāmil	شهر كامل
mensuel (adj)	ʃahriy	شهريّ
mensuellement	kull ʃahr	كلّ شهر
chaque mois	kull ʃahr	كلّ شهر
2 fois par mois	marratayn fiʃ ʃahr	مرّتين في الشهر
année (f)	sana (f)	سنة
cette année	fi haðihi as sana	في هذه السنة
l'année prochaine	fis sana al qādima	في السنة القادمة
l'année dernière	fis sana al māḍiya	في السنة الماضية
il y a un an	qabla sana	قبل سنة
dans un an	baʿd sana	بعد سنة
dans 2 ans	baʿd sanatayn	بعد سنتين
toute l'année	ṭūl as sana	طول السنة
toute une année	sana kāmila	سنة كاملة
chaque année	kull sana	كلّ سنة
annuel (adj)	sanawiy	سنويّ

annuellement	kull sana	كل سنة
4 fois par an	arba' marrāt fis sana	أربع مرّات في السنة
date (f) (jour du mois)	tarīχ (m)	تاريخ
date (f) (~ mémorable)	tarīχ (m)	تاريخ
calendrier (m)	taqwīm (m)	تقويم
six mois	niṣf sana (m)	نصف سنة
semestre (m)	niṣf sana (m)	نصف سنة
saison (f)	faṣl (m)	فصل
siècle (m)	qarn (m)	قرن

LES VOYAGES. L'HÔTEL

T&P Books Publishing

20. Les voyages. Les excursions

tourisme (m)	siyāḥa (f)	سياحة
touriste (m)	sāʾiḥ (m)	سائح
voyage (m) (à l'étranger)	riḥla (f)	رحلة
aventure (f)	muɣāmara (f)	مغامرة
voyage (m)	riḥla (f)	رحلة
vacances (f pl)	ʿuṭla (f)	عطلة
être en vacances	ʿindahu ʿuṭla	عنده عطلة
repos (m) (jours de ~)	istirāḥa (f)	إستراحة
train (m)	qiṭār (m)	قطار
en train	bil qiṭār	بالقطار
avion (m)	ṭāʾira (f)	طائرة
en avion	biṭ ṭāʾira	بالطائرة
en voiture	bis sayyāra	بالسيّارة
en bateau	bis safīna	بالسفينة
bagage (m)	aʃ ʃunaṭ (pl)	الشنط
malle (f)	ḥaqībat safar (f)	حقيبة سفر
chariot (m)	ʿarabat ʃunaṭ (f)	عربة شنط
passeport (m)	ʒawāz as safar (m)	جواز السفر
visa (m)	taʾʃīra (f)	تأشيرة
ticket (m)	taðkira (f)	تذكرة
billet (m) d'avion	taðkirat ṭāʾira (f)	تذكرة طائرة
guide (m) (livre)	dalīl (m)	دليل
carte (f)	xarīṭa (f)	خريطة
région (f) (~ rurale)	mintaqa (f)	منطقة
endroit (m)	makān (m)	مكان
exotisme (m)	ɣarāba (f)	غرابة
exotique (adj)	ɣarīb	غريب
étonnant (adj)	mudhiʃ	مدهش
groupe (m)	maʒmūʿa (f)	مجموعة
excursion (f)	ʒawla (f)	جولة
guide (m) (personne)	murʃid (m)	مرشد

21. L'hôtel

hôtel (m)	funduq (m)	فندق
motel (m)	mutīl (m)	موتيل

3 étoiles	θalāθat nuʒūm	ثلاثة نجوم
5 étoiles	χamsat nuʒūm	خمسة نجوم
descendre (à l'hôtel)	nazal	نزل
chambre (f)	ɣurfa (f)	غرفة
chambre (f) simple	ɣurfa li ʃaχṣ wāḥid (f)	غرفة لشخص واحد
chambre (f) double	ɣurfa li ʃaχṣayn (f)	غرفة لشخصين
réserver une chambre	ḥaʒaz ɣurfa	حجز غرفة
demi-pension (f)	waʒbitān fil yawm (du)	وجبتان في اليوم
pension (f) complète	θalāθ waʒabāt fil yawm	ثلاث وجبات في اليوم
avec une salle de bain	bi ḥawḍ al istiḥmām	بحوض الإستحمام
avec une douche	bid duʃ	بالدوش
télévision (f) par satellite	tilivizyūn faḍā'iy (m)	تلفزيون فضائيّ
climatiseur (m)	takyīf (m)	تكييف
serviette (f)	fūṭa (f)	فوطة
clé (f)	miftāḥ (m)	مفتاح
administrateur (m)	mudīr (m)	مدير
femme (f) de chambre	ʻāmilat tanẓīf ɣuraf (f)	عاملة تنظيف غرف
porteur (m)	ḥammāl (m)	حمّال
portier (m)	bawwāb (m)	بوّاب
restaurant (m)	maṭʻam (m)	مطعم
bar (m)	bār (m)	بار
petit déjeuner (m)	fuṭūr (m)	فطور
dîner (m)	ʻaʃā' (m)	عشاء
buffet (m)	bufīh (m)	بوفيه
hall (m)	radha (f)	ردهة
ascenseur (m)	miṣʻad (m)	مصعد
PRIÈRE DE NE PAS DÉRANGER	ar raʒā' ʻadam al izʻāʒ	الرجاء عدم الإزعاج
DÉFENSE DE FUMER	mamnūʻ at tadχīn	ممنوع التدخين

22. Le tourisme

monument (m)	timθāl (m)	تمثال
forteresse (f)	qalʻa (f), ḥiṣn (m)	قلعة, حصن
palais (m)	qaṣr (m)	قصر
château (m)	qalʻa (f)	قلعة
tour (f)	burʒ (m)	برج
mausolée (m)	ḍarīḥ (m)	ضريح
architecture (f)	handasa miʻmāriyya (f)	هندسة معماريّة
médiéval (adj)	min al qurūn al wusṭa	من القرون الوسطى
ancien (adj)	qadīm	قديم
national (adj)	waṭaniy	وطنيّ

connu (adj)	maʃhūr	مشهور
touriste (m)	sā'iḥ (m)	سائح
guide (m) (personne)	murʃid (m)	مرشد
excursion (f)	ʒawla (f)	جولة
montrer (vt)	'araḍ	عرض
raconter (une histoire)	ḥaddaθ	حدّث
trouver (vt)	waʒad	وجد
se perdre (vp)	ḍā'	ضاع
plan (m) (du metro, etc.)	χarīṭa (f)	خريطة
carte (f) (de la ville, etc.)	χarīṭa (f)	خريطة
souvenir (m)	tiðkār (m)	تذكار
boutique (f) de souvenirs	maḥall hadāya (m)	محلّ هدايا
prendre en photo	ṣawwar	صوّر
se faire prendre en photo	taṣawwar	تصوّر

LES TRANSPORTS

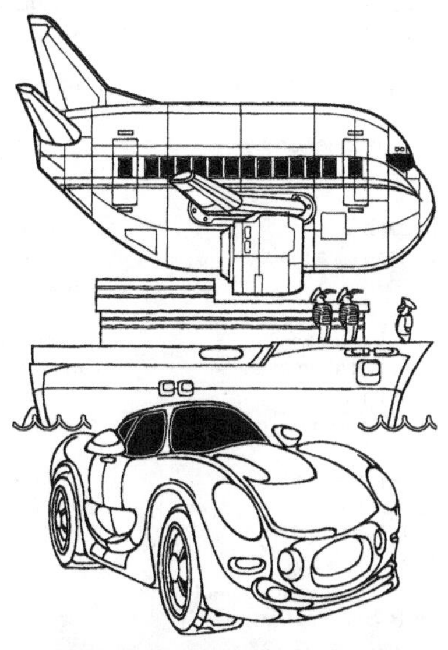

T&P Books Publishing

23. L'aéroport

aéroport (m)	maṭār (m)	مطار
avion (m)	ṭā'ira (f)	طائرة
compagnie (f) aérienne	ʃarikat ṭayarān (f)	شركة طيران
contrôleur (m) aérien	marāqib al ḥaraka al ʒawwiyya (pl)	مراقب الحركة الجويّة
départ (m)	muɣādara (f)	مغادرة
arrivée (f)	wuṣūl (m)	وصول
arriver (par avion)	waṣal	وصل
temps (m) de départ	waqt al muɣādara (m)	وقت المغادرة
temps (m) d'arrivée	waqt al wuṣūl (m)	وقت الوصول
être retardé	ta'aχχar	تأخّر
retard (m) de l'avion	ta'aχχur ar riḥla (m)	تأخّر الرحلة
tableau (m) d'informations	lawḥat al maʿlūmāt (f)	لوحة المعلومات
information (f)	istiʿlāmāt (pl)	إستعلامات
annoncer (vt)	aʿlan	أعلن
vol (m)	riḥla (f)	رحلة
douane (f)	ʒamārik (pl)	جمارك
douanier (m)	muwaẓẓaf al ʒamārik (m)	موظّف الجمارك
déclaration (f) de douane	taṣrīḥ ʒumrukiy (m)	تصريح جمركيّ
remplir (vt)	mala'	ملأ
remplir la déclaration	mala' at taṣrīḥ	ملأ التصريح
contrôle (m) de passeport	taftīʃ al ʒawāzāt (m)	تفتيش الجوازات
bagage (m)	aʃ ʃunaṭ (pl)	الشنط
bagage (m) à main	ʃunaṭ al yad (pl)	شنط اليد
chariot (m)	ʿarabat ʃunaṭ (f)	عربة شنط
atterrissage (m)	hubūṭ (m)	هبوط
piste (f) d'atterrissage	mamarr al hubūṭ (m)	ممرّ الهبوط
atterrir (vi)	habaṭ	هبط
escalier (m) d'avion	sullam aṭ ṭā'ira (m)	سلّم الطائرة
enregistrement (m)	tasʒīl (m)	تسجيل
comptoir (m) d'enregistrement	makān at tasʒīl (m)	مكان التسجيل
s'enregistrer (vp)	saʒʒal	سجّل
carte (f) d'embarquement	biṭāqat ṣuʿūd (f)	بطاقة صعود
porte (f) d'embarquement	bawwābat al muɣādara (f)	بوّابة المغادرة

transit (m)	tranzīt (m)	ترانزيت
attendre (vt)	inṭazar	إنتظر
salle (f) d'attente	qāʿat al muɣādara (f)	قاعة المغادرة
raccompagner (à l'aéroport, etc.)	waddaʿ	ودّع
dire au revoir	waddaʿ	ودّع

24. L'avion

avion (m)	ṭāʾira (f)	طائرة
billet (m) d'avion	taðkirat ṭāʾira (f)	تذكرة طائرة
compagnie (f) aérienne	ʃarikat ṭayarān (f)	شركة طيران
aéroport (m)	maṭār (m)	مطار
supersonique (adj)	χāriq liṣ ṣawt	خارق للصوت
commandant (m) de bord	qāʾid aṭ ṭāʾira (m)	قائد الطائرة
équipage (m)	ṭāqim (m)	طاقم
pilote (m)	ṭayyār (m)	طيّار
hôtesse (f) de l'air	muḍīfat ṭayarān (f)	مضيفة طيران
navigateur (m)	mallāḥ (m)	ملّاح
ailes (f pl)	aʒniḥa (pl)	أجنحة
queue (f)	ðayl (m)	ذيل
cabine (f)	kabīna (f)	كابينة
moteur (m)	mutūr (m)	موتور
train (m) d'atterrissage	ʿaʒalāt al hubūṭ (pl)	عجلات الهبوط
turbine (f)	turbīna (f)	تربينة
hélice (f)	mirwaḥa (f)	مروحة
boîte (f) noire	musaʒʒil aṭ ṭayarān (m)	مسجّل الطيران
gouvernail (m)	ʿaʒalat qiyāda (f)	عجلة قيادة
carburant (m)	wuqūd (m)	وقود
consigne (f) de sécurité	biṭāqat as salāma (f)	بطاقة السلامة
masque (m) à oxygène	qināʿ uksiʒīn (m)	قناع أوكسيجين
uniforme (m)	libās muwaḥḥad (m)	لباس موحّد
gilet (m) de sauvetage	sutrat naʒāt (f)	سترة نجاة
parachute (m)	miẓallat hubūṭ (f)	مظلّة هبوط
décollage (m)	iqlāʿ (m)	إقلاع
décoller (vi)	aqlaʿat	أقلعت
piste (f) de décollage	madraʒ aṭ ṭāʾirāt (m)	مدرج الطائرات
visibilité (f)	ruʾya (f)	رؤية
vol (m) (~ d'oiseau)	ṭayarān (m)	طيران
altitude (f)	irtifāʿ (m)	إرتفاع
trou (m) d'air	ʒayb hawāʾiy (m)	جيب هوائيّ
place (f)	maqʿad (m)	مقعد
écouteurs (m pl)	sammāʿāt raʾsiya (pl)	سمّاعات رأسيّة

tablette (f)	ṣīniyya qābila liṭ ṭayy (f)	صينية قابلة للطيّ
hublot (m)	ʃubbāk aṭ ṭāʾira (m)	شبّاك الطائرة
couloir (m)	mamarr (m)	ممرّ

25. Le train

train (m)	qiṭār (m)	قطار
train (m) de banlieue	qiṭār (m)	قطار
TGV (m)	qiṭār sarīʿ (m)	قطار سريع
locomotive (f) diesel	qāṭirat dīzil (f)	قاطرة ديزل
locomotive (f) à vapeur	qāṭira buχāriyya (f)	قاطرة بخاريّة
wagon (m)	ʿaraba (f)	عربة
wagon-restaurant (m)	ʿarabat al maṭʿam (f)	عربة المطعم
rails (m pl)	quḍubān (pl)	قضبان
chemin (m) de fer	sikka ḥadīdiyya (f)	سكّة حديديّة
traverse (f)	ʿāriḍa (f)	عارضة
quai (m)	raṣīf (m)	رصيف
voie (f)	χaṭṭ (m)	خطّ
sémaphore (m)	simafūr (m)	سيمافور
station (f)	maḥaṭṭa (f)	محطّة
conducteur (m) de train	sāʾiq (m)	سائق
porteur (m)	ḥammāl (m)	حمّال
steward (m)	masʾūl ʿarabat al qiṭār (m)	مسؤول عربة القطار
passager (m)	rākib (m)	راكب
contrôleur (m) de billets	kamsariy (m)	كمسريّ
couloir (m)	mamarr (m)	ممرّ
frein (m) d'urgence	farāmil aṭ ṭawāriʾ (pl)	فرامل الطوارئ
compartiment (m)	ɣurfa (f)	غرفة
couchette (f)	sarīr (m)	سرير
couchette (f) d'en haut	sarīr ʿulwiy (m)	سرير علويّ
couchette (f) d'en bas	sarīr sufliy (m)	سرير سفليّ
linge (m) de lit	aɣṭiyat as sarīr (pl)	أغطية السرير
ticket (m)	taðkira (f)	تذكرة
horaire (m)	ʒadwal (m)	جدول
tableau (m) d'informations	lawḥat maʿlūmāt (f)	لوحة معلومات
partir (vi)	ɣādar	غادر
départ (m) (du train)	muɣādara (f)	مغادرة
arriver (le train)	waṣal	وصل
arrivée (f)	wuṣūl (m)	وصول
arriver en train	waṣal bil qiṭār	وصل بالقطار
prendre le train	rakib al qiṭār	ركب القطار

descendre du train	nazil min al qiṭār	نزل من القطار
accident (m) ferroviaire	ḥiṭām qiṭār (m)	حطام قطار
dérailler (vi)	χaraʒ ʿan χaṭṭ sayrih	خرج عن خطّ سيره
locomotive (f) à vapeur	qāṭira buχāriyya (f)	قاطرة بخاريّة
chauffeur (m)	ʿaṭaʃʒiy (m)	عطشجيّ
chauffe (f)	furn al muḥarrik (m)	فرن المحرّك
charbon (m)	faḥm (m)	فحم

26. Le bateau

bateau (m)	safīna (f)	سفينة
navire (m)	safīna (f)	سفينة
bateau (m) à vapeur	bāχira (f)	باخرة
paquebot (m)	bāχira nahriyya (f)	باخرة نهريّة
bateau (m) de croisière	bāχira siyaḥiyya (f)	باخرة سياحيّة
croiseur (m)	ṭarrād (m)	طرّاد
yacht (m)	yaχt (m)	يخت
remorqueur (m)	qāṭira (f)	قاطرة
péniche (f)	ṣandal (m)	صندل
ferry (m)	ʿabbāra (f)	عبّارة
voilier (m)	safīna ʃirāʿiyya (m)	سفينة شراعيّة
brigantin (m)	markab ʃirāʿiy (m)	مركب شراعيّ
brise-glace (m)	muḥaṭṭimat ʒalīd (f)	محطّمة جليد
sous-marin (m)	ɣawwāṣa (f)	غوّاصة
canot (m) à rames	markab (m)	مركب
dinghy (m)	zawraq (m)	زورق
canot (m) de sauvetage	qārib naʒāt (m)	قارب نجاة
canot (m) à moteur	lanʃ (m)	لنش
capitaine (m)	qubṭān (m)	قبطان
matelot (m)	baḥḥār (m)	بحّار
marin (m)	baḥḥār (m)	بحّار
équipage (m)	ṭāqim (m)	طاقم
maître (m) d'équipage	raʾīs al baḥḥāra (m)	رئيس البحّارة
mousse (m)	ṣabiy as safīna (m)	صبي السفينة
cuisinier (m) du bord	ṭabbāχ (m)	طبّاخ
médecin (m) de bord	ṭabīb as safīna (m)	طبيب السفينة
pont (m)	saṭḥ as safīna (m)	سطح السفينة
mât (m)	sāriya (f)	سارية
voile (f)	ʃirāʿ (m)	شراع
cale (f)	ʿambar (m)	عنبر
proue (f)	muqaddama (m)	مقدّمة

poupe (f)	mu'axirat as safīna (f)	مؤخرّة السفينة
rame (f)	miʒðāf (m)	مجذاف
hélice (f)	mirwaḥa (f)	مروحة
cabine (f)	kabīna (f)	كابينة
carré (m) des officiers	ɣurfat al istirāḥa (f)	غرفة الإستراحة
salle (f) des machines	qism al 'ālāt (m)	قسم الآلات
passerelle (f)	burʒ al qiyāda (m)	برج القيادة
cabine (f) de T.S.F.	ɣurfat al lāsilkiy (f)	غرفة اللاسلكيّ
onde (f)	mawʒa (f)	موجة
journal (m) de bord	siʒil as safīna (m)	سجل السفينة
longue-vue (f)	minẓār (m)	منظار
cloche (f)	ʒaras (m)	جرس
pavillon (m)	ʿalam (m)	علم
grosse corde (f) tressée	ḥabl (m)	حبل
nœud (m) marin	ʿuqda (f)	عقدة
rampe (f)	drabizīn (m)	درابزين
passerelle (f)	sullam (m)	سلّم
ancre (f)	mirsāt (f)	مرساة
lever l'ancre	rafaʿ mirsāt	رفع مرساة
jeter l'ancre	rasa	رسا
chaîne (f) d'ancrage	silsilat mirsāt (f)	سلسلة مرساة
port (m)	mīnā' (m)	ميناء
embarcadère (m)	marsa (m)	مرسى
accoster (vi)	rasa	رسا
larguer les amarres	aqlaʿ	أقلع
voyage (m) (à l'étranger)	riḥla (f)	رحلة
croisière (f)	riḥla baḥriyya (f)	رحلة بحرية
cap (m) (suivre un ~)	masār (m)	مسار
itinéraire (m)	ṭarīq (m)	طريق
chenal (m)	maʒra milāḥiy (m)	مجرى ملاحيّ
bas-fond (m)	miyāh ḍaḥla (f)	مياه ضحلة
échouer sur un bas-fond	ʒanaḥ	جنح
tempête (f)	ʿāṣifa (f)	عاصفة
signal (m)	iʃāra (f)	إشارة
sombrer (vi)	ɣariq	غرق
Un homme à la mer!	saqaṭ raʒul min as safīna!	!سقط رجل من السفينة
SOS (m)	nidā' iɣāθa (m)	نداء إغاثة
bouée (f) de sauvetage	ṭawq naʒāt (m)	طوق نجاة

LA VILLE

T&P Books Publishing

27. Les transports en commun

autobus (m)	bāṣ (m)	باص
tramway (m)	trām (m)	ترام
trolleybus (m)	truli bāṣ (m)	ترولي باص
itinéraire (m)	χaṭṭ (m)	خطّ
numéro (m)	raqm (m)	رقم
prendre ...	rakib ...	...ركب
monter (dans l'autobus)	rakib	ركب
descendre de ...	nazil min	نزل من
arrêt (m)	mawqif (m)	موقف
arrêt (m) prochain	al maḥaṭṭa al qādima (f)	المحطّة القادمة
terminus (m)	āχir maḥaṭṭa (f)	آخر محطّة
horaire (m)	ʒadwal (m)	جدول
attendre (vt)	inṭazar	إنتظر
ticket (m)	taðkira (f)	تذكرة
prix (m) du ticket	uʒra (f)	أجرة
caissier (m)	ṣarrāf (m)	صرّاف
contrôle (m) des tickets	taftīʃ taðkira (m)	تفتيش تذكرة
contrôleur (m)	mufattiʃ taðākir (m)	مفتّش تذاكر
être en retard	taʾaχχar	تأخّر
rater (~ le train)	taʾaχχar	تأخّر
se dépêcher	istaʿʒal	إستعجل
taxi (m)	taksi (m)	تاكسي
chauffeur (m) de taxi	sāʾiq taksi (m)	سائق تاكسي
en taxi	bit taksi	بالتاكسي
arrêt (m) de taxi	mawqif taksi (m)	موقف تاكسي
appeler un taxi	kallam tāksi	كلّم تاكسي
prendre un taxi	aχað taksi	أخذ تاكسي
trafic (m)	ḥarakat al murūr (f)	حركة المرور
embouteillage (m)	zaḥmat al murūr (f)	زحمة المرور
heures (f pl) de pointe	sāʿat að ðurwa (f)	ساعة الذروة
se garer (vp)	awqaf	أوقف
garer (vt)	awqaf	أوقف
parking (m)	mawqif as sayyārāt (m)	موقف السيارات
métro (m)	mitru (m)	مترو
station (f)	maḥaṭṭa (f)	محطّة
prendre le métro	rakib al mitru	ركب المترو

train (m)	qiṭār (m)	قطار
gare (f)	maḥaṭṭat qiṭār (f)	محطّة قطار

28. La ville. La vie urbaine

ville (f)	madīna (f)	مدينة
capitale (f)	'āṣima (f)	عاصمة
village (m)	qarya (f)	قرية
plan (m) de la ville	xarīṭat al madīna (f)	خريطة المدينة
centre-ville (m)	markaz al madīna (m)	مركز المدينة
banlieue (f)	ḍāḥiya (f)	ضاحية
de banlieue (adj)	aḍ ḍawāḥi	الضواحي
périphérie (f)	aṭrāf al madīna (pl)	أطراف المدينة
alentours (m pl)	ḍawāḥi al madīna (pl)	ضواحي المدينة
quartier (m)	ḥayy (m)	حي
quartier (m) résidentiel	ḥayy sakaniy (m)	حي سكني
trafic (m)	ḥarakat al murūr (f)	حركة المرور
feux (m pl) de circulation	iʃārāt al murūr (pl)	إشارات المرور
transport (m) urbain	wasā'il an naql (pl)	وسائل النقل
carrefour (m)	taqāṭu' (m)	تقاطع
passage (m) piéton	ma'bar al muʃāt (m)	معبر المشاة
passage (m) souterrain	nafaq muʃāt (m)	نفق مشاة
traverser (vt)	'abar	عبر
piéton (m)	māʃi (m)	ماش
trottoir (m)	raṣīf (m)	رصيف
pont (m)	ʒisr (m)	جسر
quai (m)	kurnīʃ (m)	كورنيش
fontaine (f)	nāfūra (f)	نافورة
allée (f)	mamʃa (m)	ممشى
parc (m)	ḥadīqa (f)	حديقة
boulevard (m)	bulvār (m)	بولفار
place (f)	maydān (m)	ميدان
avenue (f)	ʃāri' (m)	شارع
rue (f)	ʃāri' (m)	شارع
ruelle (f)	zuqāq (m)	زقاق
impasse (f)	ṭarīq masdūd (m)	طريق مسدود
maison (f)	bayt (m)	بيت
édifice (m)	mabna (m)	مبنى
gratte-ciel (m)	nāṭiḥat sahāb (f)	ناطحة سحاب
façade (f)	wāʒiha (f)	واجهة
toit (m)	saqf (m)	سقف
fenêtre (f)	ʃubbāk (m)	شبّاك

arc (m)	qaws (m)	قوس
colonne (f)	ʿamūd (m)	عمود
coin (m)	zāwiya (f)	زاوية
vitrine (f)	vatrīna (f)	فترينة
enseigne (f)	lāfita (f)	لافتة
affiche (f)	mulṣaq (m)	ملصق
affiche (f) publicitaire	mulṣaq iʿlāniy (m)	ملصق إعلاني
panneau-réclame (m)	lawḥat iʿlānāt (f)	لوحة إعلانات
ordures (f pl)	zubāla (f)	زبالة
poubelle (f)	ṣundūq zubāla (m)	صندوق زبالة
jeter à terre	rama zubāla	رمى زبالة
décharge (f)	mazbala (f)	مزبلة
cabine (f) téléphonique	kuʃk tilifūn (m)	كشك تليفون
réverbère (m)	ʿamūd al miṣbāḥ (m)	عمود المصباح
banc (m)	dikka (f), kursiy (m)	دكّة, كرسيّ
policier (m)	ʃurṭiy (m)	شرطيّ
police (f)	ʃurṭa (f)	شرطة
clochard (m)	ʃaḥḥāð (m)	شحّاذ
sans-abri (m)	mutaʃarrid (m)	متشرّد

29. Les institutions urbaines

magasin (m)	maḥall (m)	محلّ
pharmacie (f)	ṣaydaliyya (f)	صيدليّة
opticien (m)	al adawāt al baṣariyya (pl)	الأدوات البصريّة
centre (m) commercial	markaz tiʒāriy (m)	مركز تجاريّ
supermarché (m)	subirmarkit (m)	سوبرماركت
boulangerie (f)	maχbaz (m)	مخبز
boulanger (m)	χabbāz (m)	خبّاز
pâtisserie (f)	dukkān ḥalawāniy (m)	دكّان حلوانيّ
épicerie (f)	baqqāla (f)	بقّالة
boucherie (f)	malḥama (f)	ملحمة
magasin (m) de légumes	dukkān χuḍār (m)	دكّان خضار
marché (m)	sūq (f)	سوق
salon (m) de café	kafé (m), maqha (m)	كافيه, مقهى
restaurant (m)	maṭʿam (m)	مطعم
brasserie (f)	ḥāna (f)	حانة
pizzeria (f)	maṭʿam pizza (m)	مطعم بيتزا
salon (m) de coiffure	ṣālūn ḥilāqa (m)	صالون حلاقة
poste (f)	maktab al barīd (m)	مكتب البريد
pressing (m)	tanẓīf ʒāff (m)	تنظيف جافّ
atelier (m) de photo	istūdiyu taṣwīr (m)	إستوديو تصوير

magasin (m) de chaussures	maḥall aḥðiya (m)	محلّ أحذية
librairie (f)	maḥall kutub (m)	محلّ كتب
magasin (m) d'articles de sport	maḥall riyāḍiy (m)	محلّ رياضيّ
atelier (m) de retouche	maḥall χiyāṭat malābis (m)	محلّ خياطة ملابس
location (f) de vêtements	maḥall ta'ʒīr malābis rasmiyya (m)	محلّ تأجير ملابس رسمية
location (f) de films	maḥal ta'ʒīr vidiyu (m)	محلّ تأجير فيديو
cirque (m)	sirk (m)	سيرك
zoo (m)	ḥadīqat al ḥayawān (f)	حديقة حيوان
cinéma (m)	sinima (f)	سينما
musée (m)	matḥaf (m)	متحف
bibliothèque (f)	maktaba (f)	مكتبة
théâtre (m)	masraḥ (m)	مسرح
opéra (m)	ubra (f)	أوبرا
boîte (f) de nuit	malha layliy (m)	ملهى ليليّ
casino (m)	kazinu (m)	كازينو
mosquée (f)	masʒid (m)	مسجد
synagogue (f)	kanīs maʿbad yahūdiy (m)	كنيس معبد يهوديّ
cathédrale (f)	katidrā'iyya (f)	كاتدرائيّة
temple (m)	maʿbad (m)	معبد
église (f)	kanīsa (f)	كنيسة
institut (m)	kulliyya (m)	كلّيّة
université (f)	ʒāmiʿa (f)	جامعة
école (f)	madrasa (f)	مدرسة
préfecture (f)	muqāṭaʿa (f)	مقاطعة
mairie (f)	baladiyya (f)	بلديّة
hôtel (m)	funduq (m)	فندق
banque (f)	bank (m)	بنك
ambassade (f)	safāra (f)	سفارة
agence (f) de voyages	ʃarikat siyāḥa (f)	شركة سياحة
bureau (m) d'information	maktab al istiʿlāmāt (m)	مكتب الإستعلامات
bureau (m) de change	ṣarrāfa (f)	صرّافة
métro (m)	mitru (m)	مترو
hôpital (m)	mustaʃfa (m)	مستشفى
station-service (f)	maḥaṭṭat banzīn (f)	محطّة بنزين
parking (m)	mawqif as sayyārāt (m)	موقف السيّارات

30. Les enseignes. Les panneaux

enseigne (f)	lāfita (f)	لافتة
pancarte (f)	bayān (m)	بيان

poster (m)	mulṣaq i'lāniy (m)	ملصق إعلانيّ
indicateur (m) de direction	'alāmat ittiʒāh (f)	علامة إتّجاه
flèche (f)	'alāmat iʃāra (f)	علامة إشارة
avertissement (m)	taḥðīr (m)	تحذير
panneau d'avertissement	lāfitat taḥðīr (f)	لافتة تحذير
avertir (vt)	ḥaððar	حذّر
jour (m) de repos	yawm 'uṭla (m)	يوم عطلة
horaire (m)	ʒadwal (m)	جدول
heures (f pl) d'ouverture	awqāt al 'amal (pl)	أوقات العمل
BIENVENUE!	ahlan wa sahlan!	أهلًا وسهلًا
ENTRÉE	duχūl	دخول
SORTIE	χurūʒ	خروج
POUSSER	idfa'	إدفع
TIRER	isḥab	إسحب
OUVERT	maftūḥ	مفتوح
FERMÉ	muɣlaq	مغلق
FEMMES	lis sayyidāt	للسيدات
HOMMES	lir riʒāl	للرجال
RABAIS	χaṣm	خصم
SOLDES	taχfīḍāt	تخفيضات
NOUVEAU!	ʒadīd!	جديد!
GRATUIT	maʒʒānan	مجّانًا
ATTENTION!	intibāh!	إنتباه!
COMPLET	kull al amākin maḥʒūza	كل الأماكن محجوزة
RÉSERVÉ	maḥʒūz	محجوز
ADMINISTRATION	idāra	إدارة
RÉSERVÉ AU PERSONNEL	lil 'āmilīn faqaṭ	للعاملين فقط
ATTENTION CHIEN MÉCHANT	iḥðar wuʒūd al kalb	إحذر وجود الكلب
DÉFENSE DE FUMER	mamnū' at tadχīn	ممنوع التدخين
PRIÈRE DE NE PAS TOUCHER	'adam al lams	عدم اللمس
DANGEREUX	χaṭīr	خطير
DANGER	χaṭar	خطر
HAUTE TENSION	tayyār 'āli	تيّار عالي
BAIGNADE INTERDITE	as sibāḥa mamnū'a	السباحة ممنوعة
HORS SERVICE	mu'aṭṭal	معطّل
INFLAMMABLE	sarī' al iʃti'āl	سريع الإشتعال
INTERDIT	mamnū'	ممنوع
PASSAGE INTERDIT	mamnū' al murūr	ممنوع المرور
PEINTURE FRAÎCHE	iḥðar ṭilā' ɣayr ʒāff	إحذر طلاء غير جاف

31. Le shopping

acheter (vt)	iʃtara	إشترى
achat (m)	ʃay' (m)	شيء
faire des achats	iʃtara	إشترى
shopping (m)	ʃubinɣ (m)	شوبينغ
être ouvert	maftūḥ	مفتوح
être fermé	muɣlaq	مغلق
chaussures (f pl)	aḥðiya (pl)	أحذية
vêtement (m)	malābis (pl)	ملابس
produits (m pl) de beauté	mawādd at taʒmīl (pl)	موادّ التجميل
produits (m pl) alimentaires	ma'kūlāt (pl)	مأكولات
cadeau (m)	hadiyya (f)	هديّة
vendeur (m)	bā'i' (m)	بائع
vendeuse (f)	bā'i'a (f)	بائعة
caisse (f)	ṣundū' ad daf' (m)	صندوق الدفع
miroir (m)	mir'āt (f)	مرآة
comptoir (m)	minḍada (f)	منضدة
cabine (f) d'essayage	ɣurfat al qiyās (f)	غرفة القياس
essayer (robe, etc.)	ʒarrab	جرّب
aller bien (robe, etc.)	nāsab	ناسب
plaire (être apprécié)	a'ʒab	أعجب
prix (m)	si'r (m)	سعر
étiquette (f) de prix	tikit as si'r (m)	تيكت السعر
coûter (vt)	kallaf	كلّف
Combien?	bikam?	بكم؟
rabais (m)	χaṣm (m)	خصم
pas cher (adj)	ɣayr ɣāli	غير غال
bon marché (adj)	raχīṣ	رخيص
cher (adj)	ɣāli	غال
C'est cher	haða ɣāli	هذا غال
location (f)	isti'ʒār (m)	إستئجار
louer (une voiture, etc.)	ista'ʒar	إستأجر
crédit (m)	i'timān (m)	إئتمان
à crédit (adv)	bid dayn	بالدين

LES VÊTEMENTS & LES ACCESSOIRES

T&P Books Publishing

32. Les vêtements d'extérieur

vêtement (m)	malābis (pl)	ملابس
survêtement (m)	malābis fawqāniyya (pl)	ملابس فوقانيّة
vêtement (m) d'hiver	malābis ʃitawiyya (pl)	ملابس شتويّة
manteau (m)	miʿṭaf (m)	معطف
manteau (m) de fourrure	miʿtaf farw (m)	معطف فرو
veste (f) de fourrure	ʒakīt farw (m)	جاكيت فرو
manteau (m) de duvet	ḥaʃiyyat rīʃ (m)	حشية ريش
veste (f) (~ en cuir)	ʒākīt (m)	جاكيت
imperméable (m)	miʿṭaf lil maṭar (m)	معطف للمطر
imperméable (adj)	ṣāmid lil māʾ	صامد للماء

33. Les vêtements

chemise (f)	qamīṣ (m)	قميص
pantalon (m)	banṭalūn (m)	بنطلون
jean (m)	ʒīnz (m)	جينز
veston (m)	sutra (f)	سترة
complet (m)	badla (f)	بدلة
robe (f)	fustān (m)	فستان
jupe (f)	tannūra (f)	تنّورة
chemisette (f)	blūza (f)	بلوزة
veste (f) en laine	kardigān (m)	كارديجان
jaquette (f), blazer (m)	ʒākīt (m)	جاكيت
tee-shirt (m)	ti ʃirt (m)	تي شيرت
short (m)	ʃūrt (m)	شورت
costume (m) de sport	badlat at tadrīb (f)	بدلة التدريب
peignoir (m) de bain	θawb ḥammām (m)	ثوب حمّام
pyjama (m)	biʒāma (f)	بيجاما
chandail (m)	bulūvir (m)	بلوفر
pull-over (m)	bulūvir (m)	بلوفر
gilet (m)	ṣudayriy (m)	صديريّ
queue-de-pie (f)	badlat sahra (f)	بدلة سهرة
smoking (m)	smūkin (m)	سموكن
uniforme (m)	zayy muwaḥḥad (m)	زي موحّد
tenue (f) de travail	θiyāb al ʿamal (m)	ثياب العمل

salopette (f)	uvirūl (m)	اوفرول
blouse (f) (d'un médecin)	θawb (m)	ثوب

34. Les sous-vêtements

sous-vêtements (m pl)	malābis dāχiliyya (pl)	ملابس داخليّة
boxer (m)	sirwāl dāχiliy riʒāliy (m)	سروال داخلي رجاليّ
slip (m) de femme	sirwāl dāχiliy nisā'iy (m)	سروال داخلي نسائيّ
maillot (m) de corps	qamīṣ bila aqmām (m)	قميص بلا أكمام
chaussettes (f pl)	ʒawārib (pl)	جوارب
chemise (f) de nuit	qamīṣ nawm (m)	قميص نوم
soutien-gorge (m)	ḥammālat ṣadr (f)	حمّالة صدر
chaussettes (f pl) hautes	ʒawārib ṭawīla (pl)	جوارب طويلة
collants (m pl)	ʒawārib kulūn (pl)	جوارب كولون
bas (m pl)	ʒawārib nisā'iyya (pl)	جوارب نسائية
maillot (m) de bain	libās sibāḥa (m)	لباس سباحة

35. Les chapeaux

chapeau (m)	qubba'a (f)	قبّعة
chapeau (m) feutre	burnayṭa (f)	برنيطة
casquette (f) de base-ball	kāb baysbūl (m)	كاب بيسبول
casquette (f)	qubba'a musaṭṭaḥa (f)	قبّعة مسطحة
béret (m)	birīh (m)	بيريه
capuche (f)	ɣiṭā' (m)	غطاء
panama (m)	qubba'at banāma (f)	قبّعة بناما
bonnet (m) de laine	qubbā'a maḥbūka (m)	قبّعة محبوكة
foulard (m)	īʃārb (m)	إيشارب
chapeau (m) de femme	burnayṭa (f)	برنيطة
casque (m) (d'ouvriers)	χūδa (f)	خوذة
calot (m)	kāb (m)	كاب
casque (m) (~ de moto)	χūδa (f)	خوذة
melon (m)	qubba'at dirbi (f)	قبّعة ديربي
haut-de-forme (m)	qubba'a 'āliya (f)	قبّعة عالية

36. Les chaussures

chaussures (f pl)	aḥδiya (pl)	أحذية
bottines (f pl)	ʒazma (f)	جزمة
souliers (m pl) (~ plats)	ʒazma (f)	جزمة
bottes (f pl)	būt (m)	بوت

chaussons (m pl)	ʃibʃib (m)	شبشب
tennis (m pl)	ḥiðā' riyāḍiy (m)	حذاء رياضيّ
baskets (f pl)	kutʃi (m)	كوتشي
sandales (f pl)	ṣandal (pl)	صندل
cordonnier (m)	iskāfiy (m)	إسكافيّ
talon (m)	ka'b (m)	كعب
paire (f)	zawʒ (m)	زوج
lacet (m)	ʃarīṭ (m)	شريط
lacer (vt)	rabaṭ	ربط
chausse-pied (m)	labbāsat ḥiðā' (f)	لبّاسة حذاء
cirage (m)	warnīʃ al ḥiðā' (m)	ورنيش الحذاء

37. Les accessoires personnels

gants (m pl)	quffāz (m)	قفّاز
moufles (f pl)	quffāz muɣlaq (m)	قفّاز مغلق
écharpe (f)	'īʃārb (m)	إيشارب
lunettes (f pl)	naẓẓāra (f)	نظّارة
monture (f)	iṭār (m)	إطار
parapluie (m)	ʃamsiyya (f)	شمسيّة
canne (f)	'aṣa (f)	عصا
brosse (f) à cheveux	furʃat ʃa'r (f)	فرشة شعر
éventail (m)	mirwaḥa yadawiyya (f)	مروحة يدويّة
cravate (f)	karavatta (f)	كرافتة
nœud papillon (m)	babyūn (m)	ببيون
bretelles (f pl)	ḥammāla (f)	حمّالة
mouchoir (m)	mandīl (m)	منديل
peigne (m)	miʃṭ (m)	مشط
barrette (f)	dabbūs (m)	دبّوس
épingle (f) à cheveux	bansa (m)	بنسة
boucle (f)	bukla (f)	بكلة
ceinture (f)	ḥizām (m)	حزام
bandoulière (f)	ḥammalat al katf (f)	حمّالة الكتف
sac (m)	ʃanṭa (f)	شنطة
sac (m) à main	ʃanṭat yad (f)	شنطة يد
sac (m) à dos	ḥaqībat ẓahr (f)	حقيبة ظهر

38. Les vêtements. Divers

mode (f)	mūḍa (f)	موضة
à la mode (adj)	fil mūḍa	في الموضة

couturier, créateur de mode	muṣammim azyā' (m)	مصمّم أزياء
col (m)	yāqa (f)	ياقة
poche (f)	ʒayb (m)	جيب
de poche (adj)	ʒayb	جيب
manche (f)	kumm (m)	كمّ
bride (f)	'allāqa (f)	علّاقة
braguette (f)	lisān (m)	لسان
fermeture (f) à glissière	zimām munzaliq (m)	زمام منزلق
agrafe (f)	miʃbak (m)	مشبك
bouton (m)	zirr (m)	زرّ
boutonnière (f)	'urwa (f)	عروة
s'arracher (bouton)	waqa'	وقع
coudre (vi, vt)	χāṭ	خاط
broder (vt)	ṭarraz	طرّز
broderie (f)	taṭrīz (m)	تطريز
aiguille (f)	ibra (f)	إبرة
fil (m)	χayṭ (m)	خيط
couture (f)	darz (m)	درز
se salir (vp)	tawassaχ	توسّخ
tache (f)	buq'a (f)	بقعة
se froisser (vp)	takarmaʃ	تكرمش
déchirer (vt)	qaṭṭa'	قطّع
mite (f)	'uθθa (f)	عثّة

39. L'hygiène corporelle. Les cosmétiques

dentifrice (m)	ma'ʒūn asnān (m)	معجون أسنان
brosse (f) à dents	furʃat asnān (f)	فرشة أسنان
se brosser les dents	naẓẓaf al asnān	نظّف الأسنان
rasoir (m)	mūs ḥilāqa (m)	موس حلاقة
crème (f) à raser	krīm ḥilāqa (m)	كريم حلاقة
se raser (vp)	ḥalaq	حلق
savon (m)	ṣābūn (m)	صابون
shampooing (m)	ʃāmbū (m)	شامبو
ciseaux (m pl)	maqaṣṣ (m)	مقصّ
lime (f) à ongles	mibrad (m)	مبرد
pinces (f pl) à ongles	milqaṭ (m)	ملقط
pince (f) à épiler	milqaṭ (m)	ملقط
produits (m pl) de beauté	mawādd at taʒmīl (pl)	موادّ التجميل
masque (m) de beauté	mask (m)	ماسك
manucure (f)	manikūr (m)	مانيكور
se faire les ongles	'amal manikūr	عمل مانيكور

pédicurie (f)	badikīr (m)	باديكير
trousse (f) de toilette	ḥaqībat adawāt at taʒmīl (f)	حقيبة أدوات التجميل
poudre (f)	budrat waʒh (f)	بودرة وجه
poudrier (m)	ʿulbat būdra (f)	علبة بودرة
fard (m) à joues	aḥmar χudūd (m)	أحمر خدود
parfum (m)	ʿiṭr (m)	عطر
eau (f) de toilette	kulūnya (f)	كولونيا
lotion (f)	lusiyun (m)	لوسيون
eau de Cologne (f)	kulūniya (f)	كولونيا
fard (m) à paupières	ay ʃaduw (m)	اي شادو
crayon (m) à paupières	kuḥl al ʿuyūn (m)	كحل العيون
mascara (m)	maskara (f)	ماسكارا
rouge (m) à lèvres	aḥmar ʃifāh (m)	أحمر شفاه
vernis (m) à ongles	mulammiʿ al aẓāfir (m)	ملمّع الاظافر
laque (f) pour les cheveux	muθabbit aʃ ʃaʿr (m)	مثبّت الشعر
déodorant (m)	muzīl rawāʾiḥ (m)	مزيل روائح
crème (f)	krīm (m)	كريم
crème (f) pour le visage	krīm lil waʒh (m)	كريم للوجه
crème (f) pour les mains	krīm lil yadayn (m)	كريم لليدين
crème (f) anti-rides	krīm muḍādd lit taʒāʿīd (m)	كريم مضادّ للتجاعيد
crème (f) de jour	krīm an nahār (m)	كريم النهار
crème (f) de nuit	krīm al layl (m)	كريم الليل
de jour (adj)	nahāriy	نهاريّ
de nuit (adj)	layliy	ليلي
tampon (m)	tambūn (m)	تانبون
papier (m) de toilette	waraq ḥammām (m)	ورق حمّام
sèche-cheveux (m)	muʒaffif ʃaʿr (m)	مجفّف شعر

40. Les montres. Les horloges

montre (f)	sāʿa (f)	ساعة
cadran (m)	waʒh as sāʿa (m)	وجه الساعة
aiguille (f)	ʿaqrab as sāʿa (m)	عقرب الساعة
bracelet (m)	siwār sāʿa maʿdaniyya (m)	سوار ساعة معدنية
bracelet (m) (en cuir)	siwār sāʿa (m)	سوار ساعة
pile (f)	baṭṭāriyya (f)	بطّاريّة
être déchargé	tafarraɣ	تفرّغ
changer de pile	ɣayyar al baṭṭāriyya	غيّر البطّاريّة
avancer (vi)	sabaq	سبق
retarder (vi)	taʾaχχar	تأخّر
pendule (f)	sāʿat ḥāʾiṭ (f)	ساعة حائط
sablier (m)	sāʿa ramliyya (f)	ساعة رمليّة
cadran (m) solaire	sāʿa ʃamsiyya (f)	ساعة شمسيّة

réveil (m)	munabbih (m)	منبّه
horloger (m)	sa'ātiy (m)	ساعاتيّ
réparer (vt)	aṣlaḥ	أصلح

L'EXPÉRIENCE QUOTIDIENNE

T&P Books Publishing

41. L'argent

argent (m)	nuqūd (pl)	نقود
échange (m)	taḥwīl ʿumla (m)	تحويل عملة
cours (m) de change	siʿr aṣ ṣarf (m)	سعر الصرف
distributeur (m)	ṣarrāf ʾāliy (m)	صرّاف آليّ
monnaie (f)	qiṭʿa naqdiyya (f)	قطعة نقديّة
dollar (m)	dulār (m)	دولار
euro (m)	yuru (m)	يورو
lire (f)	lira iṭāliyya (f)	ليرة إيطالية
mark (m) allemand	mark almāniy (m)	مارك ألماني
franc (m)	frank (m)	فرنك
livre sterling (f)	ʒunayh istirlīniy (m)	جنيه استرلينيّ
yen (m)	yīn (m)	ين
dette (f)	dayn (m)	دين
débiteur (m)	mudīn (m)	مدين
prêter (vt)	sallaf	سلّف
emprunter (vt)	istalaf	إستلف
banque (f)	bank (m)	بنك
compte (m)	ḥisāb (m)	حساب
verser (dans le compte)	awdaʿ	أودع
verser dans le compte	awdaʿ fil ḥisāb	أودع في الحساب
retirer du compte	saḥab min al ḥisāb	سحب من الحساب
carte (f) de crédit	biṭāqat iʾtimān (f)	بطاقة إئتمان
espèces (f pl)	nuqūd (pl)	نقود
chèque (m)	ʃīk (m)	شيك
faire un chèque	katab ʃīk	كتب شيكًا
chéquier (m)	daftar ʃīkāt (m)	دفتر شيكات
portefeuille (m)	maḥfaẓat ʒīb (f)	محفظة جيب
bourse (f)	maḥfaẓat fakka (f)	محفظة فكّة
coffre fort (m)	χizāna (f)	خزانة
héritier (m)	wāris (m)	وارث
héritage (m)	wirāθa (f)	وراثة
fortune (f)	θarwa (f)	ثروة
location (f)	ʾīʒār (m)	إيجار
loyer (m) (argent)	uʒrat as sakan (f)	أجرة السكن
louer (prendre en location)	istaʾʒar	إستأجر
prix (m)	siʿr (m)	سعر

coût (m)	θaman (m)	ثمن
somme (f)	mablaɣ (m)	مبلغ
dépenser (vt)	ṣaraf	صرف
dépenses (f pl)	maṣārīf (pl)	مصاريف
économiser (vt)	waffar	وفّر
économe (adj)	muwaffir	موفّر
payer (régler)	dafaʿ	دفع
paiement (m)	dafʿ (m)	دفع
monnaie (f) (rendre la ~)	al bāqi (m)	الباقي
impôt (m)	ḍarība (f)	ضريبة
amende (f)	ɣarāma (f)	غرامة
mettre une amende	faraḍ ɣarāma	فرض غرامة

42. La poste. Les services postaux

poste (f)	maktab al barīd (m)	مكتب البريد
courrier (m) (lettres, etc.)	al barīd (m)	البريد
facteur (m)	sāʿi al barīd (m)	ساعي البريد
heures (f pl) d'ouverture	awqāt al ʿamal (pl)	أوقات العمل
lettre (f)	risāla (f)	رسالة
recommandé (m)	risāla musaʒʒala (f)	رسالة مسجّلة
carte (f) postale	biṭāqa barīdiyya (f)	بطاقة بريديّة
télégramme (m)	barqiyya (f)	برقيّة
colis (m)	ṭard (m)	طرد
mandat (m) postal	ḥawāla māliyya (f)	حوالة ماليّة
recevoir (vt)	istalam	إستلم
envoyer (vt)	arsal	أرسل
envoi (m)	irsāl (m)	إرسال
adresse (f)	ʿunwān (m)	عنوان
code (m) postal	raqm al barīd (m)	رقم البريد
expéditeur (m)	mursil (m)	مرسل
destinataire (m)	mursal ilayh (m)	مرسل إليه
prénom (m)	ism (m)	إسم
nom (m) de famille	ism al ʿāʾila (m)	إسم العائلة
tarif (m)	taʿrīfa (f)	تعريفة
normal (adj)	ʿādiy	عاديّ
économique (adj)	muwaffir	موفّر
poids (m)	wazn (m)	وزن
peser (~ les lettres)	wazan	وزن
enveloppe (f)	ẓarf (m)	ظرف
timbre (m)	ṭābiʿ (m)	طابع
timbrer (vt)	alṣaq ṭābiʿ	ألصق طابعا

43. Les opérations bancaires

banque (f)	bank (m)	بنك
agence (f) bancaire	farʿ (m)	فرع
conseiller (m)	muwaẓẓaf bank (m)	موظّف بنك
gérant (m)	mudīr (m)	مدير
compte (m)	ḥisāb (m)	حساب
numéro (m) du compte	raqm al ḥisāb (m)	رقم الحساب
compte (m) courant	ḥisāb ʒāri (m)	حساب جار
compte (m) sur livret	ḥisāb tawfīr (m)	حساب توفير
ouvrir un compte	fataḥ ḥisāb	فتح حسابا
clôturer le compte	aɣlaq ḥisāb	أغلق حسابا
verser dans le compte	awdaʿ fil ḥisāb	أودع في الحساب
retirer du compte	saḥab min al ḥisāb	سحب من الحساب
dépôt (m)	wadīʿa (f)	وديعة
faire un dépôt	awdaʿ	أودع
virement (m) bancaire	ḥawāla (f)	حوالة
faire un transfert	ḥawwal	حوّل
somme (f)	mablaɣ (m)	مبلغ
Combien?	kam?	كم؟
signature (f)	tawqīʿ (m)	توقيع
signer (vt)	waqqaʿ	وقّع
carte (f) de crédit	biṭāqat iʾtimān (f)	بطاقة ائتمان
code (m)	kūd (m)	كود
numéro (m) de carte de crédit	raqm biṭāqat iʾtimān (m)	رقم بطاقة إئتمان
distributeur (m)	ṣarrāf ʾāliy (m)	صرّاف آليّ
chèque (m)	ʃīk (m)	شيك
faire un chèque	katab ʃīk	كتب شيكًا
chéquier (m)	daftar ʃīkāt (m)	دفتر شيكات
crédit (m)	qarḍ (m)	قرض
demander un crédit	qaddam ṭalab lil ḥuṣūl ʿala qarḍ	قدّم طلبا للحصول على قرض
prendre un crédit	ḥaṣal ʿala qarḍ	حصل على قرض
accorder un crédit	qaddam qarḍ	قدّم قرضا
gage (m)	ḍamān (m)	ضمان

44. Le téléphone. La conversation téléphonique

téléphone (m)	hātif (m)	هاتف
portable (m)	hātif maḥmūl (m)	هاتف محمول

répondeur (m)	muʒīb al hātif (m)	مجيب الهاتف
téléphoner, appeler	ittaṣal	إتّصل
appel (m)	mukālama tilifuniyya (f)	مكالمة تليفونية
composer le numéro	ittaṣal bi raqm	إتّصل برقم
Allô!	alu!	ألو!
demander (~ l'heure)	sa'al	سأل
répondre (vi, vt)	radd	ردّ
entendre (bruit, etc.)	samiʿ	سمع
bien (adv)	ʒayyidan	جيّدًا
mal (adv)	sayyi'an	سيّئًا
bruits (m pl)	taʃwīʃ (m)	تشويش
récepteur (m)	sammāʿa (f)	سمّاعة
décrocher (vt)	rafaʿ as sammāʿa	رفع السمّاعة
raccrocher (vi)	qafal as sammāʿa	قفل السمّاعة
occupé (adj)	maʃɣūl	مشغول
sonner (vi)	rann	رنّ
carnet (m) de téléphone	dalīl at tilifūn (m)	دليل التليفون
local (adj)	maḥalliyya	ة محلّيّة
appel (m) local	mukālama hātifiyya maḥalliyya (f)	مكالمة هاتفيّة محلّيّة
interurbain (adj)	baʿīd al mada	بعيد المدى
appel (m) interurbain	mukālama baʿīdat al mada (f)	مكالمة بعيدة المدى
international (adj)	duwaliy	دوليّ
appel (m) international	mukālama duwaliyya (f)	مكالمة دوليّة

45. Le téléphone portable

portable (m)	hātif maḥmūl (m)	هاتف محمول
écran (m)	ʒihāz ʿarḍ (m)	جهاز عرض
bouton (m)	zirr (m)	زرّ
carte SIM (f)	sim kart (m)	سيم كارت
pile (f)	baṭṭāriyya (f)	بطّاريّة
être déchargé	χalaṣat	خلصت
chargeur (m)	ʃāḥin (m)	شاحن
menu (m)	qā'ima (f)	قائمة
réglages (m pl)	awḍāʿ (pl)	أوضاع
mélodie (f)	naɣma (f)	نغمة
sélectionner (vt)	iχtār	إختار
calculatrice (f)	'āla ḥāsiba (f)	آلة حاسبة
répondeur (m)	barīd ṣawtiy (m)	بريد صوتيّ
réveil (m)	munabbih (m)	منبّه

contacts (m pl)	ʒihāt al ittiṣāl (pl)	جهات الإتّصال
SMS (m)	risāla qaṣīra ɛsɛmɛs (f)	رسالة قصيرة sms
abonné (m)	muʃtarik (m)	مشترك

46. La papeterie

stylo (m) à bille	qalam ʒāf (m)	قلم جاف
stylo (m) à plume	qalam rīʃa (m)	قلم ريشة
crayon (m)	qalam ruṣāṣ (m)	قلم رصاص
marqueur (m)	markir (m)	ماركر
feutre (m)	qalam χaṭṭāṭ (m)	قلم خطاط
bloc-notes (m)	muðakkira (f)	مذكّرة
agenda (m)	ʒadwal al aʿmāl (m)	جدول الأعمال
règle (f)	masṭara (f)	مسطرة
calculatrice (f)	'āla ḥāsiba (f)	آلة حاسبة
gomme (f)	astīka (f)	استيكة
punaise (f)	dabbūs (m)	دبّوس
trombone (m)	dabbūs waraq (m)	دبّوس ورق
colle (f)	ṣamɣ (m)	صمغ
agrafeuse (f)	dabbāsa (f)	دبّاسة
perforateur (m)	χarrāma (m)	خرّامة
taille-crayon (m)	mibrāt (f)	مبراة

47. Les langues étrangères

langue (f)	luɣa (f)	لغة
étranger (adj)	aʒnabiy	أجنبيّ
langue (f) étrangère	luɣa aʒnabiyya (f)	لغة أجنبيّة
étudier (vt)	daras	درس
apprendre (~ l'arabe)	taʿallam	تعلّم
lire (vi, vt)	qara'	قرأ
parler (vi, vt)	takallam	تكلّم
comprendre (vt)	fahim	فهم
écrire (vt)	katab	كتب
vite (adv)	bi surʿa	بسرعة
lentement (adv)	bi buṭ'	ببطء
couramment (adv)	bi ṭalāqa	بطلاقة
règles (f pl)	qawāʿid (pl)	قواعد
grammaire (f)	an naḥw waṣ ṣarf (m)	النحو والصرف
vocabulaire (m)	mufradāt al luɣa (pl)	مفردات اللغة
phonétique (f)	ṣawtīyyāt (pl)	صوتيّات

manuel (m)	kitāb taʻlīm (m)	كتاب تعليم
dictionnaire (m)	qāmūs (m)	قاموس
manuel (m) autodidacte	kitāb taʻlīm ðātiy (m)	كتاب تعليم ذاتيّ
guide (m) de conversation	kitāb lil ʻibārāt aʃ ʃāʼiʻa (m)	كتاب للعبارت الشائعة
cassette (f)	ʃarīṭ (m)	شريط
cassette (f) vidéo	ʃarīṭ vidiyu (m)	شريط فيديو
CD (m)	si di (m)	سي دي
DVD (m)	di vi di (m)	دي في دي
alphabet (m)	alifbāʼ (m)	الفباء
épeler (vt)	tahaʒʒa	تهجّى
prononciation (f)	nuṭq (m)	نطق
accent (m)	lukna (f)	لكنة
avec un accent	bi lukna	بلكنة
sans accent	bi dūn lukna	بدون لكنة
mot (m)	kalima (f)	كلمة
sens (m)	maʻna (m)	معنى
cours (m pl)	dawra (f)	دورة
s'inscrire (vp)	saʒʒal ismahu	سجّل إسمه
professeur (m) (~ d'anglais)	mudarris (m)	مدرّس
traduction (f) (action)	tarʒama (f)	ترجمة
traduction (f) (texte)	tarʒama (f)	ترجمة
traducteur (m)	mutarʒim (m)	مترجم
interprète (m)	mutarʒim fawriy (m)	مترجم فوريّ
polyglotte (m)	ʻalīm bi ʻiddat luɣāt (m)	عليم بعدّة لغات
mémoire (f)	ðākira (f)	ذاكرة

LES REPAS. LE RESTAURANT

T&P Books Publishing

48. Le dressage de la table

cuillère (f)	milʿaqa (f)	ملعقة
couteau (m)	sikkīn (m)	سكّين
fourchette (f)	ʃawka (f)	شوكة
tasse (f)	finʒān (m)	فنجان
assiette (f)	ṭabaq (m)	طبق
soucoupe (f)	ṭabaq finʒān (m)	طبق فنجان
serviette (f)	mandīl (m)	منديل
cure-dent (m)	χallat asnān (f)	خلّة أسنان

49. Le restaurant

restaurant (m)	maṭʿam (m)	مطعم
salon (m) de café	kafé (m), maqha (m)	كافيه, مقهى
bar (m)	bār (m)	بار
salon (m) de thé	ṣālun ʃāy (m)	صالون شاي
serveur (m)	nādil (m)	نادل
serveuse (f)	nādila (f)	نادلة
barman (m)	bārman (m)	بارمان
carte (f)	qā'imat aṭ ṭaʿām (f)	قائمة طعام
carte (f) des vins	qā'imat al χumūr (f)	قائمة خمور
réserver une table	ḥaʒaz mā'ida	حجز مائدة
plat (m)	waʒba (f)	وجبة
commander (vt)	ṭalab	طلب
faire la commande	ṭalab	طلب
apéritif (m)	ʃarāb (m)	شراب
hors-d'œuvre (m)	muqabbilāt (pl)	مقبّلات
dessert (m)	ḥalawiyyāt (pl)	حلويّات
addition (f)	ḥisāb (m)	حساب
régler l'addition	dafaʿ al ḥisāb	دفع الحساب
rendre la monnaie	aʿṭa al bāqi	أعطى الباقي
pourboire (m)	baqʃīʃ (m)	بقشيش

50. Les repas

nourriture (f)	akl (m)	أكل
manger (vi, vt)	akal	أكل

petit déjeuner (m)	fuṭūr (m)	فطور
prendre le petit déjeuner	afṭar	أفطر
déjeuner (m)	ɣadā' (m)	غداء
déjeuner (vi)	taɣadda	تغدّى
dîner (m)	'aʃā' (m)	عشاء
dîner (vi)	ta'aʃʃa	تعشّى
appétit (m)	ʃahiyya (f)	شهيّة
Bon appétit!	hanī'an marī'an!	هنيئًا مريئًا!
ouvrir (vt)	fataḥ	فتح
renverser (liquide)	dalaq	دلق
se renverser (liquide)	indalaq	إندلق
bouillir (vi)	ɣala	غلى
faire bouillir	ɣala	غلى
bouilli (l'eau ~e)	maɣliy	مغليّ
refroidir (vt)	barrad	برّد
se refroidir (vp)	tabarrad	تبرّد
goût (m)	ṭa'm (m)	طعم
arrière-goût (m)	al maðāq al 'āliq fil fam (m)	المذاق العالق في الفم
suivre un régime	faqad al wazn	فقد الوزن
régime (m)	ḥimya ɣaðā'iyya (f)	حمية غذائية
vitamine (f)	vitamīn (m)	فيتامين
calorie (f)	su'ra ḥarāriyya (f)	سعرة حراريّة
végétarien (m)	nabātiy (m)	نباتيّ
végétarien (adj)	nabātiy	نباتيّ
lipides (m pl)	duhūn (pl)	دهون
protéines (f pl)	brutināt (pl)	بروتينات
glucides (m pl)	naʃawiyyāt (pl)	نشويّات
tranche (f)	ʃarīḥa (f)	شريحة
morceau (m)	qiṭ'a (f)	قطعة
miette (f)	futāta (f)	فتاتة

51. Les plats cuisinés

plat (m)	waʒba (f)	وجبة
cuisine (f)	maṭbaχ (m)	مطبخ
recette (f)	waṣfa (f)	وصفة
portion (f)	waʒba (f)	وجبة
salade (f)	sulṭa (f)	سلطة
soupe (f)	ʃūrba (f)	شوربة
bouillon (m)	maraq (m)	مرق
sandwich (m)	sandawitʃ (m)	ساندويتش
les œufs brouillés	bayḍ maqliy (m)	بيض مقليّ

hamburger (m)	hamburger (m)	هامبورجر
steak (m)	biftīk (m)	بفتيك
garniture (f)	ṭabaq ʒānibiy (m)	طبق جانبيّ
spaghettis (m pl)	spaɣitti (m)	سباغيتي
purée (f)	harīs baṭāṭis (m)	هريس بطاطس
pizza (f)	bītza (f)	بيتزا
bouillie (f)	ʿaṣīda (f)	عصيدة
omelette (f)	bayḍ maχfūq (m)	بيض مخفوق
cuit à l'eau (adj)	maslūq	مسلوق
fumé (adj)	mudaχχin	مدخّن
frit (adj)	maqliy	مقليّ
sec (adj)	muʒaffaf	مجفّف
congelé (adj)	muʒammad	مجمّد
mariné (adj)	muχallil	مخلّل
sucré (adj)	musakkar	مسكّر
salé (adj)	māliḥ	مالح
froid (adj)	bārid	بارد
chaud (adj)	sāχin	ساخن
amer (adj)	murr	مرّ
bon (savoureux)	laðīð	لذيذ
cuire à l'eau	ṭabaχ	طبخ
préparer (le dîner)	ḥaḍḍar	حضّر
faire frire	qala	قلي
réchauffer (vt)	saχχan	سخّن
saler (vt)	mallaḥ	ملّح
poivrer (vt)	falfal	فلفل
râper (vt)	baʃar	بشر
peau (f)	qiʃra (f)	قشرة
éplucher (vt)	qaʃʃar	قشّر

52. Les aliments

viande (f)	laḥm (m)	لحم
poulet (m)	daʒāʒ (m)	دجاج
poulet (m) (poussin)	farrūʒ (m)	فرّوج
canard (m)	baṭṭa (f)	بطّة
oie (f)	iwazza (f)	إوزّة
gibier (m)	ṣayd (m)	صيد
dinde (f)	daʒāʒ rūmiy (m)	دجاج رومي
du porc	laḥm al χinzīr (m)	لحم الخنزير
du veau	laḥm il ʿiʒl (m)	لحم العجل
du mouton	laḥm aḍ ḍaʾn (m)	لحم الضأن
du bœuf	laḥm al baqar (m)	لحم البقر
lapin (m)	arnab (m)	أرنب

saucisson (m)	suʒuq (m)	سجق
saucisse (f)	suʒuq (m)	سجق
bacon (m)	bikūn (m)	بيكون
jambon (m)	hām (m)	هام
cuisse (f)	faχð χinzīr (m)	فخذ خنزير
pâté (m)	maʿʒūn laḥm (m)	معجون لحم
foie (m)	kibda (f)	كبدة
farce (f)	ḥaʃwa (f)	حشوة
langue (f)	lisān (m)	لسان
œuf (m)	bayḍa (f)	بيضة
les œufs	bayḍ (m)	بيض
blanc (m) d'œuf	bayāḍ al bayḍ (m)	بياض البيض
jaune (m) d'œuf	ṣafār al bayḍ (m)	صفار البيض
poisson (m)	samak (m)	سمك
fruits (m pl) de mer	fawākih al baḥr (pl)	فواكه البحر
caviar (m)	kaviyār (m)	كافيار
crabe (m)	salṭaʿūn (m)	سلطعون
crevette (f)	ʒambari (m)	جمبري
huître (f)	maḥār (m)	محار
langoustine (f)	karkand ʃāik (m)	كركند شائك
poulpe (m)	uχṭubūṭ (m)	أخطبوط
calamar (m)	kalmāri (m)	كالماري
esturgeon (m)	samak al ḥafʃ (m)	سمك الحفش
saumon (m)	salmūn (m)	سلمون
flétan (m)	samak al halbūt (m)	سمك الهلبوت
morue (f)	samak al qudd (m)	سمك القدّ
maquereau (m)	usqumriy (m)	أسقمريّ
thon (m)	tūna (f)	تونة
anguille (f)	ḥankalīs (m)	حنكليس
truite (f)	salmūn muraqqaṭ (m)	سلمون مرقّط
sardine (f)	sardīn (m)	سردين
brochet (m)	samak al karāki (m)	سمك الكراكي
hareng (m)	rinʒa (f)	رنجة
pain (m)	χubz (m)	خبز
fromage (m)	ʒubna (f)	جبنة
sucre (m)	sukkar (m)	سكّر
sel (m)	milḥ (m)	ملح
riz (m)	urz (m)	أرز
pâtes (m pl)	makarūna (f)	مكرونة
nouilles (f pl)	nūdlis (f)	نودلز
beurre (m)	zubda (f)	زبدة
huile (f) végétale	zayt (m)	زيت

huile (f) de tournesol	zayt ʻabīd aʃ ʃams (m)	زيت عبيد الشمس
margarine (f)	marɣarīn (m)	مرغرين
olives (f pl)	zaytūn (m)	زيتون
huile (f) d'olive	zayt az zaytūn (m)	زيت الزيتون
lait (m)	ḥalīb (m)	حليب
lait (m) condensé	ḥalīb mukaθθaf (m)	حليب مكثّف
yogourt (m)	yūɣurt (m)	يوغورت
crème (f) aigre	krīma ḥāmiḍa (f)	كريمة حامضة
crème (f) (de lait)	krīma (f)	كريمة
sauce (f) mayonnaise	mayunīz (m)	مايونيز
crème (f) au beurre	krīmat zubda (f)	كريمة زبدة
gruau (m)	ḥubūb (pl)	حبوب
farine (f)	daqīq (m)	دقيق
conserves (f pl)	muʻallabāt (pl)	معلّبات
pétales (m pl) de maïs	kurn fliks (m)	كورن فليكس
miel (m)	ʻasal (m)	عسل
confiture (f)	murabba (m)	مربّى
gomme (f) à mâcher	ʻilk (m)	علك

53. Les boissons

eau (f)	māʼ (m)	ماء
eau (f) potable	māʼ ʃurb (m)	ماء شرب
eau (f) minérale	māʼ maʻdaniy (m)	ماء معدنيّ
plate (adj)	bi dūn ɣāz	بدون غاز
gazeuse (l'eau ~)	mukarban	مكربن
pétillante (adj)	bil ɣāz	بالغاز
glace (f)	θalʒ (m)	ثلج
avec de la glace	biθ θalʒ	بالثلج
sans alcool	bi dūn kuḥūl	بدون كحول
boisson (f) non alcoolisée	maʃrūb ɣāziy (m)	مشروب غازي
rafraîchissement (m)	maʃrūb muθallaʒ (m)	مشروب مثلّج
limonade (f)	ʃarāb laymūn (m)	شراب ليمون
boissons (f pl) alcoolisées	maʃrūbāt kuḥūliyya (pl)	مشروبات كحوليّة
vin (m)	nabīð (f)	نبيذ
vin (m) blanc	nibīð abyaḍ (m)	نبيذ أبيض
vin (m) rouge	nabīð aḥmar (m)	نبيذ أحمر
liqueur (f)	liqiūr (m)	ليكيور
champagne (m)	ʃambāniya (f)	شمبانيا
vermouth (m)	virmut (m)	فيرموث
whisky (m)	wiski (m)	وسكي

vodka (f)	vudka (f)	فودكا
gin (m)	ʒīn (m)	جين
cognac (m)	kunyāk (m)	كونياك
rhum (m)	rum (m)	رم
café (m)	qahwa (f)	قهوة
café (m) noir	qahwa sāda (f)	قهوة سادة
café (m) au lait	qahwa bil ḥalīb (f)	قهوة بالحليب
cappuccino (m)	kaputʃīnu (m)	كابتشينو
café (m) soluble	niskafi (m)	نيسكافيه
lait (m)	ḥalīb (m)	حليب
cocktail (m)	kuktayl (m)	كوكتيل
cocktail (m) au lait	milk ʃiyk (m)	ميلك شيك
jus (m)	ʿaṣīr (m)	عصير
jus (m) de tomate	ʿaṣīr ṭamāṭim (m)	عصير طماطم
jus (m) d'orange	ʿaṣīr burtuqāl (m)	عصير برتقال
jus (m) pressé	ʿaṣīr ṭāziʒ (m)	عصير طازج
bière (f)	bīra (f)	بيرة
bière (f) blonde	bīra χafīfa (f)	بيرة خفيفة
bière (f) brune	bīra ɣāmiqa (f)	بيرة غامقة
thé (m)	ʃāy (m)	شاي
thé (m) noir	ʃāy aswad (m)	شاي أسود
thé (m) vert	ʃāy aχḍar (m)	شاي أخضر

54. Les légumes

légumes (m pl)	χuḍār (pl)	خضار
verdure (f)	χuḍrawāt waraqiyya (pl)	خضروات ورقيّة
tomate (f)	ṭamāṭim (f)	طماطم
concombre (m)	χiyār (m)	خيار
carotte (f)	ʒazar (m)	جزر
pomme (f) de terre	baṭāṭis (f)	بطاطس
oignon (m)	baṣal (m)	بصل
ail (m)	θūm (m)	ثوم
chou (m)	kurumb (m)	كرنب
chou-fleur (m)	qarnabīṭ (m)	قرنبيط
chou (m) de Bruxelles	kurumb brūksil (m)	كرنب بروكسل
brocoli (m)	brukuli (m)	بركولي
betterave (f)	banʒar (m)	بنجر
aubergine (f)	bātinʒān (m)	باذنجان
courgette (f)	kūsa (f)	كوسة
potiron (m)	qarʿ (m)	قرع
navet (m)	lift (m)	لفت

persil (m)	baqdūnis (m)	بقدونس
fenouil (m)	ʃabat (m)	شبت
laitue (f) (salade)	χass (m)	خسّ
céleri (m)	karafs (m)	كرفس
asperge (f)	halyūn (m)	هليون
épinard (m)	sabāniχ (m)	سبانخ
pois (m)	bisilla (f)	بسلّة
fèves (f pl)	fūl (m)	فول
maïs (m)	ðura (f)	ذرّة
haricot (m)	faṣūliya (f)	فاصوليا
poivron (m)	filfil (m)	فلفل
radis (m)	fiʒl (m)	فجل
artichaut (m)	χurʃūf (m)	خرشوف

55. Les fruits. Les noix

fruit (m)	fākiha (f)	فاكهة
pomme (f)	tuffāḥa (f)	تفّاحة
poire (f)	kummaθra (f)	كمّثرى
citron (m)	laymūn (m)	ليمون
orange (f)	burtuqāl (m)	برتقال
fraise (f)	farawla (f)	فراولة
mandarine (f)	yūsufiy (m)	يوسفي
prune (f)	barqūq (m)	برقوق
pêche (f)	durrāq (m)	دراق
abricot (m)	miʃmiʃ (f)	مشمش
framboise (f)	tūt al ʿullayq al aḥmar (m)	توت العلّيق الأحمر
ananas (m)	ananās (m)	أناناس
banane (f)	mawz (m)	موز
pastèque (f)	baṭṭīχ aḥmar (m)	بطّيخ أحمر
raisin (m)	ʿinab (m)	عنب
merise (f), cerise (f)	karaz (m)	كرز
melon (m)	baṭṭīχ aṣfar (f)	بطّيخ أصفر
pamplemousse (m)	zinbāʿ (m)	زنباع
avocat (m)	avukādu (f)	افوكاتو
papaye (f)	babāya (m)	بابايا
mangue (f)	mangu (m)	مانجو
grenade (f)	rummān (m)	رمان
groseille (f) rouge	kiʃmiʃ aḥmar (m)	كشمش أحمر
cassis (m)	ʿinab aθ θaʿlab al aswad (m)	عنب الثعلب الأسود
groseille (f) verte	ʿinab aθ θaʿlab (m)	عنب الثعلب
myrtille (f)	ʿinab al aḥrāʒ (m)	عنب الأحراج
mûre (f)	θamar al ʿullayk (m)	ثمر العلّيق

raisin (m) sec	zabīb (m)	زبيب
figue (f)	tīn (m)	تين
datte (f)	tamr (m)	تمر
cacahuète (f)	fūl sudāniy (m)	فول سودانيّ
amande (f)	lawz (m)	لوز
noix (f)	ʿayn al ʒamal (f)	عين الجمل
noisette (f)	bunduq (m)	بندق
noix (f) de coco	ʒawz al hind (m)	جوز هند
pistaches (f pl)	fustuq (m)	فستق

56. Le pain. Les confiseries

confiserie (f)	ḥalawiyyāt (pl)	حلويّات
pain (m)	χubz (m)	خبز
biscuit (m)	baskawīt (m)	بسكويت
chocolat (m)	ʃukulāta (f)	شكولاتة
en chocolat (adj)	biʃ ʃukulāṭa	بالشكولاتة
bonbon (m)	bumbūn (m)	بونبون
gâteau (m), pâtisserie (f)	kaʿk (m)	كعك
tarte (f)	tūrta (f)	تورتة
gâteau (m)	faṭīra (f)	فطيرة
garniture (f)	ḥaʃwa (f)	حشوة
confiture (f)	murabba (m)	مربّى
marmelade (f)	marmalād (f)	مرملاد
gaufre (f)	wāfil (m)	وافل
glace (f)	muθallaʒāt (pl)	مثلّجات
pudding (m)	būding (m)	بودنج

57. Les épices

sel (m)	milḥ (m)	ملح
salé (adj)	māliḥ	مالح
saler (vt)	mallaḥ	ملّح
poivre (m) noir	filfil aswad (m)	فلفل أسود
poivre (m) rouge	filfil aḥmar (m)	فلفل أحمر
moutarde (f)	ṣalṣat al χardal (f)	صلصة الخردل
raifort (m)	fiʒl ḥārr (m)	فجل حارّ
condiment (m)	tābil (m)	تابل
épice (f)	bahār (m)	بهار
sauce (f)	ṣalṣa (f)	صلصة
vinaigre (m)	χall (m)	خلّ
anis (m)	yānsūn (m)	يانسون

basilic (m)	rīḥān (m)	ريحان
clou (m) de girofle	qurumful (m)	قرنفل
gingembre (m)	zanʒabīl (m)	زنجبيل
coriandre (m)	kuzbara (f)	كزبرة
cannelle (f)	qirfa (f)	قرفة
sésame (m)	simsim (m)	سمسم
feuille (f) de laurier	awrāq al ɣār (pl)	أوراق الغار
paprika (m)	babrika (f)	بابريكا
cumin (m)	karāwiya (f)	كراوية
safran (m)	zaʿfarān (m)	زعفران

LES DONNÉES PERSONNELLES. LA FAMILLE

T&P Books Publishing

58. Les données personnelles. Les formulaires

prénom (m)	ism (m)	إسم
nom (m) de famille	ism al 'ā'ila (m)	إسم العائلة
date (f) de naissance	tarīχ al mīlād (m)	تاريخ الميلاد
lieu (m) de naissance	makān al mīlād (m)	مكان الميلاد
nationalité (f)	ʒinsiyya (f)	جنسية
domicile (m)	maqarr al iqāma (m)	مقر الإقامة
pays (m)	balad (m)	بلد
profession (f)	mihna (f)	مهنة
sexe (m)	ʒins (m)	جنس
taille (f)	ṭūl (m)	طول
poids (m)	wazn (m)	وزن

59. La famille. Les liens de parenté

mère (f)	umm (f)	أمّ
père (m)	ab (m)	أب
fils (m)	ibn (m)	إبن
fille (f)	ibna (f)	إبنة
fille (f) cadette	al ibna aṣ ṣaɣīra (f)	الإبنة الصغيرة
fils (m) cadet	al ibn aṣ ṣaɣīr (m)	الابن الصغير
fille (f) aînée	al ibna al kabīra (f)	الإبنة الكبيرة
fils (m) aîné	al ibn al kabīr (m)	الإبن الكبير
frère (m)	aχ (m)	أخ
frère (m) aîné	al aχ al kabīr (m)	الأخ الكبير
frère (m) cadet	al aχ aṣ ṣaɣīr (m)	الأخ الصغير
sœur (f)	uχt (f)	أخت
sœur (f) aînée	al uχt al kabīra (f)	الأخت الكبيرة
sœur (f) cadette	al uχt aṣ ṣaɣīra (f)	الأخت الصغيرة
cousin (m)	ibn 'amm (m), ibn χāl (m)	إبن عمّ, إبن خال
cousine (f)	ibnat 'amm (f), ibnat χāl (f)	إبنة عم, إبنة خال
maman (f)	mama (f)	ماما
papa (m)	baba (m)	بابا
parents (m pl)	wālidān (du)	والدان
enfant (m, f)	ṭifl (m)	طفل
enfants (pl)	aṭfāl (pl)	أطفال
grand-mère (f)	ʒidda (f)	جدّة
grand-père (m)	ʒadd (m)	جدّ

petit-fils (m)	ḥafīd (m)	حفيد
petite-fille (f)	ḥafīda (f)	حفيدة
petits-enfants (pl)	aḥfād (pl)	أحفاد
oncle (m)	ʿamm (m), χāl (m)	عمّ, خال
tante (f)	ʿamma (f), χāla (f)	عمّة, خالة
neveu (m)	ibn al aχ (m), ibn al uχt (m)	إبن الأخ, إبن الأخت
nièce (f)	ibnat al aχ (f), ibnat al uχt (f)	إبنة الأخ, إبنة الأخت
belle-mère (f)	ḥamātt (f)	حماة
beau-père (m)	ḥamm (m)	حم
gendre (m)	zawʒ al ibna (m)	زوج الأبنة
belle-mère (f)	zawʒat al ab (f)	زوجة الأب
beau-père (m)	zawʒ al umm (m)	زوج الأمّ
nourrisson (m)	ṭifl raḍīʿ (m)	طفل رضيع
bébé (m)	mawlūd (m)	مولود
petit (m)	walad ṣaɣīr (m)	ولد صغير
femme (f)	zawʒa (f)	زوجة
mari (m)	zawʒ (m)	زوج
époux (m)	zawʒ (m)	زوج
épouse (f)	zawʒa (f)	زوجة
marié (adj)	mutazawwiʒ	متزوّج
mariée (adj)	mutazawwiʒa	متزوّجة
célibataire (adj)	aʿzab	أعزب
célibataire (m)	aʿzab (m)	أعزب
divorcé (adj)	muṭallaq (m)	مطلّق
veuve (f)	armala (f)	أرملة
veuf (m)	armal (m)	أرمل
parent (m)	qarīb (m)	قريب
parent (m) proche	nasīb qarīb (m)	نسيب قريب
parent (m) éloigné	nasīb baʿīd (m)	نسيب بعيد
parents (m pl)	aqārib (pl)	أقارب
orphelin (m), orpheline (f)	yatīm (m)	يتيم
tuteur (m)	waliyy amr (m)	وليّ أمر
adopter (un garçon)	tabanna	تبنّى
adopter (une fille)	tabanna	تبنّى

60. Les amis. Les collègues

ami (m)	ṣadīq (m)	صديق
amie (f)	ṣadīqa (f)	صديقة
amitié (f)	ṣadāqa (f)	صداقة
être ami	ṣādaq	صادق
copain (m)	ṣāḥib (m)	صاحب
copine (f)	ṣaḥiba (f)	صاحبة

partenaire (m)	rafīq (m)	رفيق
chef (m)	ra'īs (m)	رئيس
supérieur (m)	ra'īs (m)	رئيس
propriétaire (m)	ṣāḥib (m)	صاحب
subordonné (m)	tābiʿ (m)	تابع
collègue (m, f)	zamīl (m)	زميل
connaissance (f)	maʿruf (m)	معروف
compagnon (m) de route	rafīq safar (m)	رفيق سفر
copain (m) de classe	zamīl fiṣ ṣaff (m)	زميل في الصفّ
voisin (m)	ʒār (m)	جار
voisine (f)	ʒāra (f)	جارة
voisins (m pl)	ʒirān (pl)	جيران

LE CORPS HUMAIN. LES MÉDICAMENTS

T&P Books Publishing

61. La tête

tête (f)	ra's (m)	رأس
visage (m)	waʒh (m)	وجه
nez (m)	anf (m)	أنف
bouche (f)	fam (m)	فم
œil (m)	ʿayn (f)	عين
les yeux	ʿuyūn (pl)	عيون
pupille (f)	ḥadaqa (f)	حدقة
sourcil (m)	ḥāʒib (m)	حاجب
cil (m)	rimʃ (m)	رمش
paupière (f)	ʒafn (m)	جفن
langue (f)	lisān (m)	لسان
dent (f)	sinn (f)	سنّ
lèvres (f pl)	ʃifāh (pl)	شفاه
pommettes (f pl)	ʿiẓām waʒhiyya (pl)	عظام وجهيّة
gencive (f)	liθθa (f)	لثّة
palais (m)	ḥanak (m)	حنك
narines (f pl)	minχarān (du)	منخران
menton (m)	ðaqan (m)	ذقن
mâchoire (f)	fakk (m)	فكّ
joue (f)	χadd (m)	خدّ
front (m)	ʒabha (f)	جبهة
tempe (f)	ṣudɣ (m)	صدغ
oreille (f)	uðun (f)	أذن
nuque (f)	qafa (m)	قفا
cou (m)	raqaba (f)	رقبة
gorge (f)	ḥalq (m)	حلق
cheveux (m pl)	ʃaʿr (m)	شعر
coiffure (f)	tasrīḥa (f)	تسريحة
coupe (f)	tasrīḥa (f)	تسريحة
perruque (f)	barūka (f)	باروكة
moustache (f)	ʃawārib (pl)	شوارب
barbe (f)	liḥya (f)	لحية
porter (~ la barbe)	ʿindahu	عنده
tresse (f)	ḍifīra (f)	ضفيرة
favoris (m pl)	sawālif (pl)	سوالف
roux (adj)	aḥmar aʃ ʃaʿr	أحمر الشعر
gris, grisonnant (adj)	abyaḍ	أبيض

chauve (adj)	aṣlaʿ	أصلع
calvitie (f)	ṣalaʿ (m)	صلع
queue (f) de cheval	ðayl ḥiṣān (m)	ذيل حصان
frange (f)	quṣṣa (f)	قصّة

62. Le corps humain

main (f)	yad (m)	يد
bras (m)	ðirāʿ (f)	ذراع
doigt (m)	iṣbaʿ (m)	إصبع
orteil (m)	iṣbaʿ al qadam (m)	إصبع القدم
pouce (m)	ibhām (m)	إبهام
petit doigt (m)	χunṣur (m)	خنصر
ongle (m)	ẓufr (m)	ظفر
poing (m)	qabḍa (f)	قبضة
paume (f)	kaff (f)	كفّ
poignet (m)	miʿṣam (m)	معصم
avant-bras (m)	sāʿid (m)	ساعد
coude (m)	mirfaq (m)	مرفق
épaule (f)	katf (f)	كتف
jambe (f)	riʒl (f)	رجل
pied (m)	qadam (f)	قدم
genou (m)	rukba (f)	ركبة
mollet (m)	sammāna (f)	سمّانة
hanche (f)	faχð (f)	فخذ
talon (m)	ʿaqb (m)	عقب
corps (m)	ʒism (m)	جسم
ventre (m)	baṭn (m)	بطن
poitrine (f)	ṣadr (m)	صدر
sein (m)	θady (m)	ثدي
côté (m)	ʒamb (m)	جنب
dos (m)	ẓahr (m)	ظهر
reins (région lombaire)	asfal aẓ ẓahr (m)	أسفل الظهر
taille (f) (~ de guêpe)	χaṣr (m)	خصر
nombril (m)	surra (f)	سرّة
fesses (f pl)	ardāf (pl)	أرداف
derrière (m)	dubr (m)	دبر
grain (m) de beauté	ʃāma (f)	شامة
tache (f) de vin	waḥma	وحمة
tatouage (m)	waʃm (m)	وشم
cicatrice (f)	nadba (f)	ندبة

63. Les maladies

maladie (f)	maraḍ (m)	مرض
être malade	maraḍ	مرض
santé (f)	ṣiḥḥa (f)	صحّة
rhume (m) (coryza)	zukām (m)	زكام
angine (f)	iltihāb al lawzatayn (m)	التهاب اللوزتين
refroidissement (m)	bard (m)	برد
prendre froid	aṣābahu al bard	أصابه البرد
bronchite (f)	iltihāb al qaṣabāt (m)	إلتهاب القصبات
pneumonie (f)	iltihāb ar ri'atayn (m)	إلتهاب الرئتين
grippe (f)	inflūnza (f)	إنفلونزا
myope (adj)	qaṣīr an naẓar	قصير النظر
presbyte (adj)	ba'īd an naẓar	بعيد النظر
strabisme (m)	ḥawal (m)	حول
strabique (adj)	aḥwal	أحول
cataracte (f)	katarakt (f)	كاتاراكت
glaucome (m)	glawkūma (f)	جلوكوما
insulte (f)	sakta (f)	سكتة
crise (f) cardiaque	iḥtiʃā' (m)	إحتشاء
infarctus (m) de myocarde	nawba qalbiya (f)	نوبة قلبية
paralysie (f)	ʃalal (m)	شلل
paralyser (vt)	ʃall	شلّ
allergie (f)	ḥassāsiyya (f)	حسّاسيّة
asthme (m)	rabw (m)	ربو
diabète (m)	ad dā' as sukkariy (m)	الداء السكّريّ
mal (m) de dents	alam al asnān (m)	ألم الأسنان
carie (f)	naχar al asnān (m)	نخر الأسنان
diarrhée (f)	ishāl (m)	إسهال
constipation (f)	imsāk (m)	إمساك
estomac (m) barbouillé	'usr al haḍm (m)	عسر الهضم
intoxication (f) alimentaire	tasammum (m)	تسمّم
être intoxiqué	tasammam	تسمّم
arthrite (f)	iltihāb al mafāṣil (m)	إلتهاب المفاصل
rachitisme (m)	kusāḥ al aṭfāl (m)	كساح الأطفال
rhumatisme (m)	riumatizm (m)	روماتزم
athérosclérose (f)	taṣṣallub aʃ ʃarayīn (m)	تصلّب الشرايين
gastrite (f)	iltihāb al ma'ida (m)	إلتهاب المعدة
appendicite (f)	iltihāb az zā'ida ad dūdiyya (m)	إلتهاب الزائدة الدوديّة
cholécystite (f)	iltihāb al marāra (m)	إلتهاب المرارة
ulcère (m)	qurḥa (f)	قرحة

rougeole (f)	maraḍ al ḥaṣba (m)	مرض الحصبة
rubéole (f)	ḥaṣba almāniyya (f)	حصبة ألمانية
jaunisse (f)	yaraqān (m)	يرقان
hépatite (f)	iltihāb al kabd al vayrūsiy (m)	إلتهاب الكبد الفيروسيّ
schizophrénie (f)	ʃizufrīniya (f)	شيزوفرينيا
rage (f) (hydrophobie)	dā' al kalb (m)	داء الكلب
névrose (f)	ʿiṣāb (m)	عصاب
commotion (f) cérébrale	irtiʒāʒ al muχχ (m)	إرتجاج المخ
cancer (m)	saraṭān (m)	سرطان
sclérose (f)	taṣṣallub (m)	تصلّب
sclérose (f) en plaques	taṣṣallub mutaʿaddid (m)	تصلّب متعدد
alcoolisme (m)	idmān al χamr (m)	إدمان الخمر
alcoolique (m)	mudmin al χamr (m)	مدمن الخمر
syphilis (f)	sifilis az zuhariy (m)	سفلس الزهري
SIDA (m)	al aydz (m)	الايدز
tumeur (f)	waram (m)	ورم
maligne (adj)	χabīθ	خبيث
bénigne (adj)	ḥamīd (m)	حميد
fièvre (f)	ḥumma (f)	حمّى
malaria (f)	malāriya (f)	ملاريا
gangrène (f)	ɣanɣrīna (f)	غنغرينا
mal (m) de mer	duwār al baḥr (m)	دوار البحر
épilepsie (f)	maraḍ aṣ ṣarʿ (m)	مرض الصرع
épidémie (f)	wabā' (m)	وباء
typhus (m)	tīfus (m)	تيفوس
tuberculose (f)	maraḍ as sull (m)	مرض السلّ
choléra (m)	kulīra (f)	كوليرا
peste (f)	ṭāʿūn (m)	طاعون

64. Les symptômes. Le traitement. Partie 1

symptôme (m)	ʿaraḍ (m)	عرض
température (f)	ḥarāra (f)	حرارة
fièvre (f)	ḥumma (f)	حمّى
pouls (m)	nabḍ (m)	نبض
vertige (m)	dawχa (f)	دوخة
chaud (adj)	ḥārr	حارّ
frisson (m)	nafaḍān (m)	نفضان
pâle (adj)	aṣfar	أصفر
toux (f)	suʿāl (m)	سعال
tousser (vi)	saʿal	سعل

éternuer (vi)	ʿaṭas	عطس
évanouissement (m)	iɣmāʾ (m)	إغماء
s'évanouir (vp)	ɣumiya ʿalayh	غمي عليه
bleu (m)	kadma (f)	كدمة
bosse (f)	tawarrum (m)	تورّم
se heurter (vp)	iṣṭadam	إصطدم
meurtrissure (f)	raḍḍ (m)	رضّ
se faire mal	taraḍḍaḍ	ترضّض
boiter (vi)	ʿaraʒ	عرج
foulure (f)	χalʿ (m)	خلع
se démettre (l'épaule, etc.)	χalaʿ	خلع
fracture (f)	kasr (m)	كسر
avoir une fracture	inkasar	إنكسر
coupure (f)	ʒurḥ (m)	جرح
se couper (~ le doigt)	ʒaraḥ nafsah	جرح نفسه
hémorragie (f)	nazf (m)	نزف
brûlure (f)	ḥarq (m)	حرق
se brûler (vp)	taʃayyat	تشيّط
se piquer (le doigt)	waχaz	وخز
se piquer (vp)	waχaz nafsah	وخز نفسه
blesser (vt)	aṣāb	أصاب
blessure (f)	iṣāba (f)	إصابة
plaie (f) (blessure)	ʒurḥ (m)	جرح
trauma (m)	ṣadma (f)	صدمة
délirer (vi)	haða	هذى
bégayer (vi)	talaʿsam	تلعثم
insolation (f)	ḍarbat ʃams (f)	ضربة شمس

65. Les symptômes. Le traitement. Partie 2

douleur (f)	alam (m)	ألم
écharde (f)	ʃaẓiyya (f)	شظيّة
sueur (f)	ʿirq (m)	عرق
suer (vi)	ʿariq	عرق
vomissement (m)	taqayyuʿ (m)	تقيؤ
spasmes (m pl)	taʃannuʒāt (pl)	تشنّجات
enceinte (adj)	ḥāmil	حامل
naître (vi)	wulid	وُلد
accouchement (m)	wilāda (f)	ولادة
accoucher (vi)	walad	ولد
avortement (m)	iʒhāḍ (m)	إجهاض
respiration (f)	tanaffus (m)	تنفّس

inhalation (f)	istinʃāq (m)	إستنشاق
expiration (f)	zafīr (m)	زفير
expirer (vi)	zafar	زفر
inspirer (vi)	istanʃaq	إستنشق
invalide (m)	mu'āq (m)	معاق
handicapé (m)	muq'ad (m)	مقعد
drogué (m)	mudmin muχaddirāt (m)	مدمن مخدّرات
sourd (adj)	aṭraʃ	أطرش
muet (adj)	aχras	أخرس
sourd-muet (adj)	aṭraʃ aχras	أطرش أخرس
fou (adj)	maʒnūn (m)	مجنون
fou (m)	maʒnūn (m)	مجنون
folle (f)	maʒnūna (f)	مجنونة
devenir fou	ʒunn	جُنّ
gène (m)	ʒīn (m)	جين
immunité (f)	manā'a (f)	مناعة
héréditaire (adj)	wirāθiy	وراثيّ
congénital (adj)	χilqiy munð al wilāda	خلقيّ منذ الولادة
virus (m)	virūs (m)	فيروس
microbe (m)	mikrūb (m)	ميكروب
bactérie (f)	ʒurθūma (f)	جرثومة
infection (f)	'adwa (f)	عدوى

66. Les symptômes. Le traitement. Partie 3

hôpital (m)	mustaʃfa (m)	مستشفى
patient (m)	marīḍ (m)	مريض
diagnostic (m)	taʃχīṣ (m)	تشخيص
cure (f) (faire une ~)	'ilāʒ (m)	علاج
traitement (m)	'ilāʒ (m)	علاج
se faire soigner	ta'ālaʒ	تعالج
traiter (un patient)	'ālaʒ	عالج
soigner (un malade)	marraḍ	مرّض
soins (m pl)	'ināya (f)	عناية
opération (f)	'amaliyya ʒaraḥiyya (f)	عمليّة جرحيّة
panser (vt)	ḍammad	ضمّد
pansement (m)	taḍmīd (m)	تضميد
vaccination (f)	talqīḥ (m)	تلقيح
vacciner (vt)	laqqaḥ	لقّح
piqûre (f)	ḥuqna (f)	حقنة
faire une piqûre	ḥaqan ibra	حقن إبرة
crise, attaque (f)	nawba (f)	نوبة

amputation (f)	batr (m)	بتر
amputer (vt)	batar	بتر
coma (m)	ɣaybūba (f)	غيبوبة
être dans le coma	kān fi ḥālat ɣaybūba	كان في حالة غيبوبة
réanimation (f)	al ʿināya al murakkaza (f)	العناية المركّزة
se rétablir (vp)	ʃufiy	شفي
état (m) (de santé)	ḥāla (f)	حالة
conscience (f)	waʿy (m)	وعي
mémoire (f)	ðākira (f)	ذاكرة
arracher (une dent)	χalaʿ	خلع
plombage (m)	ḥaʃw (m)	حشو
plomber (vt)	ḥaʃa	حشا
hypnose (f)	at tanwīm al maɣnaṭīsiy (m)	التنويم المغناطيسيّ
hypnotiser (vt)	nawwam	نوّم

67. Les médicaments. Les accessoires

médicament (m)	dawāʾ (m)	دواء
remède (m)	ʿilāʒ (m)	علاج
prescrire (vt)	waṣaf	وصف
ordonnance (f)	waṣfa (f)	وصفة
comprimé (m)	qurṣ (m)	قرص
onguent (m)	marham (m)	مرهم
ampoule (f)	ambūla (f)	أمبولة
mixture (f)	dawāʾ ʃarāb (m)	دواء شراب
sirop (m)	ʃarāb (m)	شراب
pilule (f)	ḥabba (f)	حبّة
poudre (f)	ðarūr (m)	ذرور
bande (f)	ḍammāda (f)	ضمادة
coton (m) (ouate)	quṭn (m)	قطن
iode (m)	yūd (m)	يود
sparadrap (m)	blāstir (m)	بلاستر
compte-gouttes (m)	māṣṣat al bastara (f)	ماصّة البسترة
thermomètre (m)	tirmūmitr (m)	ترمومتر
seringue (f)	miḥqana (f)	محقنة
fauteuil (m) roulant	kursiy mutaḥarrik (m)	كرسي متحرّك
béquilles (f pl)	ʿukkāzān (du)	عكّازان
anesthésique (m)	musakkin (m)	مسكّن
purgatif (m)	mulayyin (m)	مليّن
alcool (m)	iθanūl (m)	إيثانول
herbe (f) médicinale	aʿʃāb ṭibbiyya (pl)	أعشاب طبية
d'herbes (adj)	ʿuʃbiy	عشبيّ

L'APPARTEMENT

T&P Books Publishing

68. L'appartement

appartement (m)	ʃaqqa (f)	شقّة
chambre (f)	ɣurfa (f)	غرفة
chambre (f) à coucher	ɣurfat an nawm (f)	غرفة الوم
salle (f) à manger	ɣurfat il akl (f)	غرفة الأكل
salon (m)	ṣālat al istiqbāl (f)	صالة الإستقبال
bureau (m)	maktab (m)	مكتب
antichambre (f)	madχal (m)	مدخل
salle (f) de bains	ḥammām (m)	حمّام
toilettes (f pl)	ḥammām (m)	حمّام
plafond (m)	saqf (m)	سقف
plancher (m)	arḍ (f)	أرض
coin (m)	zāwiya (f)	زاوية

69. Les meubles. L'intérieur

meubles (m pl)	aθāθ (m)	أثاث
table (f)	maktab (m)	مكتب
chaise (f)	kursiy (m)	كرسيّ
lit (m)	sarīr (m)	سرير
canapé (m)	kanaba (f)	كنبة
fauteuil (m)	kursiy (m)	كرسيّ
bibliothèque (f) (meuble)	χizānat kutub (f)	خزانة كتب
rayon (m)	raff (m)	رفّ
armoire (f)	dūlāb (m)	دولاب
patère (f)	ʃammāʿa (f)	شمّاعة
portemanteau (m)	ʃammāʿa (f)	شمّاعة
commode (f)	dulāb adrāʒ (m)	دولاب أدراج
table (f) basse	ṭāwilat al qahwa (f)	طاولة القهوة
miroir (m)	mir'āt (f)	مرآة
tapis (m)	siʒāda (f)	سجادة
petit tapis (m)	siʒāda (f)	سجادة
cheminée (f)	midfa'a ḥā'iṭiyya (f)	مدفأة حائطيّة
bougie (f)	ʃamʿa (f)	شمعة
chandelier (m)	ʃamʿadān (m)	شمعدان
rideaux (m pl)	satā'ir (pl)	ستائر

papier (m) peint	waraq ḥī'ṭān (m)	ورق حيطان
jalousie (f)	haṣīrat ʃubbāk (f)	حصيرة شبّاك
lampe (f) de table	miṣbāḥ aṭ ṭāwila (m)	مصباح الطاولة
applique (f)	miṣbāḥ al ḥā'iṭ (f)	مصباح الحائط
lampadaire (m)	miṣbāḥ arḍiy (m)	مصباح أرضيّ
lustre (m)	naʒafa (f)	نجفة
pied (m) (~ de la table)	riʒl (f)	رجل
accoudoir (m)	masnad (m)	مسند
dossier (m)	masnad (m)	مسند
tiroir (m)	durʒ (m)	درج

70. La literie

linge (m) de lit	bayāḍāt as sarīr (pl)	بياضات السرير
oreiller (m)	wisāda (f)	وسادة
taie (f) d'oreiller	kīs al wisāda (m)	كيس الوسادة
couverture (f)	baṭṭāniyya (f)	بطّانيّة
drap (m)	milāya (f)	ملاية
couvre-lit (m)	ɣiṭā' as sarīr (m)	غطاء السرير

71. La cuisine

cuisine (f)	maṭbaχ (m)	مطبخ
gaz (m)	ɣāz (m)	غاز
cuisinière (f) à gaz	butuɣāz (m)	بوتوغاز
cuisinière (f) électrique	furn kaharabā'iy (m)	فرن كهربائيّ
four (m)	furn (m)	فرن
four (m) micro-ondes	furn al mikruwayv (m)	فرن الميكروويف
réfrigérateur (m)	θallāʒa (f)	ثلاجة
congélateur (m)	frīzir (m)	فريزر
lave-vaisselle (m)	ɣassāla (f)	غسّالة
hachoir (m) à viande	farrāmat laḥm (f)	فرّامة لحم
centrifugeuse (f)	'aṣṣāra (f)	عصّارة
grille-pain (m)	maḥmaṣat χubz (f)	محمصة خبز
batteur (m)	χallāṭ (m)	خلّاط
machine (f) à café	mākinat ṣan' al qahwa (f)	ماكينة صنع القهوة
cafetière (f)	kanaka (f)	كنكة
moulin (m) à café	maṭḥanat qahwa (f)	مطحنة قهوة
bouilloire (f)	barrād (m)	برّاد
théière (f)	barrād aʃ ʃāy (m)	برّاد الشاي
couvercle (m)	ɣiṭā' (m)	غطاء
passoire (f) à thé	miṣfāt (f)	مصفاة

cuillère (f)	milʿaqa (f)	ملعقة
petite cuillère (f)	milʿaqat ʃāy (f)	ملعقة شاي
cuillère (f) à soupe	milʿaqa kabīra (f)	ملعقة كبيرة
fourchette (f)	ʃawka (f)	شوكة
couteau (m)	sikkīn (m)	سكّين
vaisselle (f)	ṣuḥūn (pl)	صحون
assiette (f)	ṭabaq (m)	طبق
soucoupe (f)	ṭabaq finʒān (m)	طبق فنجان
verre (m) à shot	kaʾs (f)	كأس
verre (m) (~ d'eau)	kubbāya (f)	كبّاية
tasse (f)	finʒān (m)	فنجان
sucrier (m)	sukkariyya (f)	سكّريّة
salière (f)	mamlaḥa (f)	مملحة
poivrière (f)	mabhara (f)	مبهرة
beurrier (m)	ṣuḥn zubda (m)	صحن زبدة
casserole (f)	kassirūlla (f)	كاسرولة
poêle (f)	ṭāsa (f)	طاسة
louche (f)	miɣrafa (f)	مغرفة
passoire (f)	miṣfāt (f)	مصفاة
plateau (m)	ṣīniyya (f)	صينيّة
bouteille (f)	zuʒāʒa (f)	زجاجة
bocal (m) (à conserves)	barṭamān (m)	برطمان
boîte (f) en fer-blanc	tanaka (f)	تنكة
ouvre-bouteille (m)	fattāḥa (f)	فتّاحة
ouvre-boîte (m)	fattāḥa (f)	فتّاحة
tire-bouchon (m)	barrīma (f)	برّيمة
filtre (m)	filtir (m)	فلتر
filtrer (vt)	ṣaffa	صفّى
ordures (f pl)	zubāla (f)	زبالة
poubelle (f)	ṣundūq az zubāla (m)	صندوق الزبالة

72. La salle de bains

salle (f) de bains	ḥammām (m)	حمّام
eau (f)	māʾ (m)	ماء
robinet (m)	ḥanafiyya (f)	حنفيّة
eau (f) chaude	māʾ sāχin (m)	ماء ساخن
eau (f) froide	māʾ bārid (m)	ماء بارد
dentifrice (m)	maʿʒūn asnān (m)	معجون أسنان
se brosser les dents	naẓẓaf al asnān	نظّف الأسنان
brosse (f) à dents	furʃat asnān (f)	فرشة أسنان
se raser (vp)	ḥalaq	حلق

mousse (f) à raser	raɣwa lil ḥilāqa (f)	رغوة للحلاقة
rasoir (m)	mūs ḥilāqa (m)	موس حلاقة
laver (vt)	ɣasal	غسل
se laver (vp)	istaḥamm	إستحمّ
douche (f)	dūʃ (m)	دوش
prendre une douche	aχað ad duʃ	أخذ الدش
baignoire (f)	ḥawḍ istiḥmām (m)	حوض استحمام
cuvette (f)	mirḥāḍ (m)	مرحاض
lavabo (m)	ḥawḍ (m)	حوض
savon (m)	ṣābūn (m)	صابون
porte-savon (m)	ṣabbāna (f)	صبّانة
éponge (f)	līfa (f)	ليفة
shampooing (m)	ʃāmbū (m)	شامبو
serviette (f)	fūṭa (f)	فوطة
peignoir (m) de bain	θawb ḥammām (m)	ثوب حمّام
lessive (f) (faire la ~)	ɣasīl (m)	غسيل
machine (f) à laver	ɣassāla (f)	غسّالة
faire la lessive	ɣasal al malābis	غسل الملابس
lessive (f) (poudre)	masḥūq ɣasīl (m)	مسحوق غسيل

73. Les appareils électroménagers

téléviseur (m)	tilivizyūn (m)	تليفزيون
magnétophone (m)	ʒihāz tasʒīl (m)	جهاز تسجيل
magnétoscope (m)	ʒihāz tasʒīl vidiyu (m)	جهاز تسجيل فيديو
radio (f)	ʒihāz radiyu (m)	جهاز راديو
lecteur (m)	blayir (m)	بليير
vidéoprojecteur (m)	'āriḍ vidiyu (m)	عارض فيديو
home cinéma (m)	sinima manziliyya (f)	سينما منزليّة
lecteur DVD (m)	di vi di (m)	دي في دي
amplificateur (m)	mukabbir aṣ ṣawt (m)	مكبّر الصوت
console (f) de jeux	'atāri (m)	أتاري
caméscope (m)	kamira vidiyu (f)	كاميرا فيديو
appareil (m) photo	kamira (f)	كاميرا
appareil (m) photo numérique	kamira diʒital (f)	كاميرا ديجيتال
aspirateur (m)	miknasa kahrabā'iyya (f)	مكنسة كهربائيّة
fer (m) à repasser	makwāt (f)	مكواة
planche (f) à repasser	lawḥat kayy (f)	لوحة كيّ
téléphone (m)	hātif (m)	هاتف
portable (m)	hātif maḥmūl (m)	هاتف محمول

machine (f) à écrire	ʾāla katiba (f)	آلة كاتبة
machine (f) à coudre	ʾālat al χiyāṭa (f)	آلة الخياطة
micro (m)	mikrufūn (m)	ميكروفون
écouteurs (m pl)	sammāʿāt raʾsiya (pl)	سمّاعات رأسيّة
télécommande (f)	rimuwt kuntrūl (m)	ريموت كنترول
CD (m)	si di (m)	سي دي
cassette (f)	ʃarīṭ (m)	شريط
disque (m) (vinyle)	usṭuwāna (f)	أسطوانة

LA TERRE. LE TEMPS

T&P Books Publishing

74. L'espace cosmique

cosmos (m)	faḍā' (m)	فضاء
cosmique (adj)	faḍā'iy	فضائيّ
espace (m) cosmique	faḍā' (m)	فضاء
monde (m)	'ālam (m)	عالم
univers (m)	al kawn (m)	الكون
galaxie (f)	al maʒarra (f)	المجرّة
étoile (f)	naʒm (m)	نجم
constellation (f)	burʒ (m)	برج
planète (f)	kawkab (m)	كوكب
satellite (m)	qamar ṣinā'iy (m)	قمر صناعيّ
météorite (m)	ḥaʒar nayzakiy (m)	حجر نيزكيّ
comète (f)	muðannab (m)	مذنّب
astéroïde (m)	kuwaykib (m)	كويكب
orbite (f)	madār (m)	مدار
tourner (vi)	dār	دار
atmosphère (f)	al ɣilāf al ʒawwiy (m)	الغلاف الجوّيّ
Soleil (m)	aʃ ʃams (f)	الشمس
système (m) solaire	al maʒmū'a aʃ ʃamsiyya (f)	المجموعة الشمسيّة
éclipse (f) de soleil	kusūf aʃ ʃams (m)	كسوف الشمس
Terre (f)	al arḍ (f)	الأرض
Lune (f)	al qamar (m)	القمر
Mars (m)	al mirrīχ (m)	المرّيخ
Vénus (f)	az zahra (f)	الزهرة
Jupiter (m)	al muʃtari (m)	المشتري
Saturne (m)	zuḥal (m)	زحل
Mercure (m)	'aṭārid (m)	عطارد
Uranus (m)	urānus (m)	اورانوس
Neptune	nibtūn (m)	نبتون
Pluton (m)	blūtu (m)	بلوتو
la Voie Lactée	darb at tabbāna (m)	درب التبّانة
la Grande Ours	ad dubb al akbar (m)	الدبّ الأكبر
la Polaire	naʒm al 'quṭb (m)	نجم القطب
martien (m)	sākin al mirrīχ (m)	ساكن المرّيخ
extraterrestre (m)	faḍā'iy (m)	فضائيّ
alien (m)	faḍā'iy (m)	فضائيّ

soucoupe (f) volante	ṭabaq ṭā'ir (m)	طبق طائر
vaisseau (m) spatial	markaba faḍā'iyya (f)	مركبة فضائيّة
station (f) orbitale	maḥaṭṭat faḍā' (f)	محطّة فضاء
lancement (m)	inṭilāq (m)	إنطلاق
moteur (m)	mutūr (m)	موتور
tuyère (f)	manfaθ (m)	منفث
carburant (m)	wuqūd (m)	وقود
cabine (f)	kabīna (f)	كابينة
antenne (f)	hawā'iy (m)	هوائيّ
hublot (m)	kuwwa mustadīra (f)	كوّة مستديرة
batterie (f) solaire	lawḥ ʃamsiy (m)	لوح شمسيّ
scaphandre (m)	baðlat al faḍā' (f)	بذلة الفضاء
apesanteur (f)	in'idām al wazn (m)	إنعدام الوزن
oxygène (m)	uksiʒīn (m)	أكسجين
arrimage (m)	rasw (m)	رسو
s'arrimer à ...	rasa	رسا
observatoire (m)	marṣad (m)	مرصد
télescope (m)	tiliskūp (m)	تلسكوب
observer (vt)	rāqab	راقب
explorer (un cosmos)	istakʃaf	إستكشف

75. La Terre

Terre (f)	al arḍ (f)	الأرض
globe (m) terrestre	al kura al arḍiyya (f)	الكرة الأرضيّة
planète (f)	kawkab (m)	كوكب
atmosphère (f)	al ɣilāf al ʒawwiy (m)	الغلاف الجوّيّ
géographie (f)	ʒuɣrāfiya (f)	جغرافيا
nature (f)	ṭabī'a (f)	طبيعة
globe (m) de table	namūðaʒ lil kura al arḍiyya (m)	نموذج للكرة الأرضيّة
carte (f)	ɣarīṭa (f)	خريطة
atlas (m)	aṭlas (m)	أطلس
Europe (f)	urūbba (f)	أوروبّا
Asie (f)	'āsiya (f)	آسيا
Afrique (f)	afrīqiya (f)	أفريقيا
Australie (f)	usturāliya (f)	أستراليا
Amérique (f)	amrīka (f)	أمريكا
Amérique (f) du Nord	amrīka aʃ ʃimāliyya (f)	أمريكا الشماليّة
Amérique (f) du Sud	amrīka al ʒanūbiyya (f)	أمريكا الجنوبيّة
l'Antarctique (m)	al quṭb al ʒanūbiy (m)	القطب الجنوبيّ
l'Arctique (m)	al quṭb aʃ ʃimāliy (m)	القطب الشمالي

76. Les quatre parties du monde

nord (m)	ʃimāl (m)	شمال
vers le nord	ilaʃ ʃimāl	إلى الشمال
au nord	fiʃ ʃimāl	في الشمال
du nord (adj)	ʃimāliy	شماليّ
sud (m)	ʒanūb (m)	جنوب
vers le sud	ilal ʒanūb	إلى الجنوب
au sud	fil ʒanūb	في الجنوب
du sud (adj)	ʒanūbiy	جنوبيّ
ouest (m)	ɣarb (m)	غرب
vers l'occident	ilal ɣarb	إلى الغرب
à l'occident	fil ɣarb	في الغرب
occidental (adj)	ɣarbiy	غربيّ
est (m)	ʃarq (m)	شرق
vers l'orient	ilaʃ ʃarq	إلى الشرق
à l'orient	fiʃ ʃarq	في الشرق
oriental (adj)	ʃarqiy	شرقيّ

77. Les océans et les mers

mer (f)	baḥr (m)	بحر
océan (m)	muḥīṭ (m)	محيط
golfe (m)	χalīʒ (m)	خليج
détroit (m)	maḍīq (m)	مضيق
terre (f) ferme	barr (m)	برّ
continent (m)	qārra (f)	قارّة
île (f)	ʒazīra (f)	جزيرة
presqu'île (f)	ʃibh ʒazīra (f)	شبه جزيرة
archipel (m)	maʒmūʿat ʒuzur (f)	مجموعة جزر
baie (f)	χalīʒ (m)	خليج
port (m)	mīnāʾ (m)	ميناء
lagune (f)	buḥayra ʃāṭiʾa (f)	بحيرة شاطئة
cap (m)	raʾs (m)	رأس
atoll (m)	ʒazīra marʒāniyya istiwāʾiyya (f)	جزيزة مرجانيّة إستوائيّة
récif (m)	ʃiʿāb (pl)	شعاب
corail (m)	murʒān (m)	مرجان
récif (m) de corail	ʃiʿāb marʒāniyya (pl)	شعاب مرجانيّة
profond (adj)	ʿamīq	عميق
profondeur (f)	ʿumq (m)	عمق
abîme (m)	mahwāt (f)	مهواة

fosse (f) océanique	χandaq (m)	خندق
courant (m)	tayyār (m)	تيّار
baigner (vt) (mer)	aḥāṭ	أحاط
littoral (m)	sāḥil (m)	ساحل
côte (f)	sāḥil (m)	ساحل
marée (f) haute	madd (m)	مدّ
marée (f) basse	ʒazr (m)	جزر
banc (m) de sable	miyāh ḍaḥla (f)	مياه ضحلة
fond (m)	qāʿ (m)	قاع
vague (f)	mawʒa (f)	موجة
crête (f) de la vague	qimmat mawʒa (f)	قمّة موجة
mousse (f)	zabad al baḥr (m)	زبد البحر
tempête (f) en mer	ʿāṣifa (f)	عاصفة
ouragan (m)	iʿṣār (m)	إعصار
tsunami (m)	tsunāmi (m)	تسونامي
calme (m)	hudūʾ (m)	هدوء
calme (tranquille)	hādiʾ	هادئ
pôle (m)	quṭb (m)	قطب
polaire (adj)	quṭby	قطبيّ
latitude (f)	ʿarḍ (m)	عرض
longitude (f)	ṭūl (m)	طول
parallèle (f)	mutawāzi (m)	متواز
équateur (m)	χaṭṭ al istiwāʾ (m)	خط الإستواء
ciel (m)	samāʾ (f)	سماء
horizon (m)	ufuq (m)	أفق
air (m)	hawāʾ (m)	هواء
phare (m)	manāra (f)	منارة
plonger (vi)	ɣāṣ	غاص
sombrer (vi)	ɣariq	غرق
trésor (m)	kunūz (pl)	كنوز

78. Les noms des mers et des océans

océan (m) Atlantique	al muḥīṭ al aṭlasiy (m)	المحيط الأطلسيّ
océan (m) Indien	al muḥīṭ al hindiy (m)	المحيط الهنديّ
océan (m) Pacifique	al muḥīṭ al hādiʾ (m)	المحيط الهادئ
océan (m) Glacial	al muḥīṭ il mutaʒammid aʃ ʃimāliy (m)	المحيط المتجمّد الشماليّ
mer (f) Noire	al baḥr al aswad (m)	البحر الأسود
mer (f) Rouge	al baḥr al aḥmar (m)	البحر الأحمر
mer (f) Jaune	al baḥr al aṣfar (m)	البحر الأصفر

mer (f) Blanche	al baḥr al abyaḍ (m)	البحر الأبيض
mer (f) Caspienne	baḥr qazwīn (m)	بحر قزوين
mer (f) Morte	al baḥr al mayyit (m)	البحر الميّت
mer (f) Méditerranée	al baḥr al abyaḍ al mutawassiṭ (m)	البحر الأبيض المتوسّط
mer (f) Égée	baḥr 'īʒah (m)	بحر إيجة
mer (f) Adriatique	al baḥr al adriyatīkiy (m)	البحر الأدرياتيكيّ
mer (f) Arabique	baḥr al ʿarab (m)	بحر العرب
mer (f) du Japon	baḥr al yabān (m)	بحر اليابان
mer (f) de Béring	baḥr biriŋ ʒ (m)	بحر بيرينغ
mer (f) de Chine Méridionale	baḥr aṣ ṣīn al ʒanūbiy (m)	بحر الصين الجنوبيّ
mer (f) de Corail	baḥr al marʒān (m)	بحر المرجان
mer (f) de Tasman	baḥr tasmān (m)	بحر تسمان
mer (f) Caraïbe	al baḥr al karībiy (m)	البحر الكاريبيّ
mer (f) de Barents	baḥr barints (m)	بحر بارينس
mer (f) de Kara	baḥr kara (m)	بحر كارا
mer (f) du Nord	baḥr aʃ ʃimāl (m)	بحر الشمال
mer (f) Baltique	al baḥr al balṭīq (m)	البحر البلطيق
mer (f) de Norvège	baḥr an narwīʒ (m)	بحر النرويج

79. Les montagnes

montagne (f)	ʒabal (m)	جبل
chaîne (f) de montagnes	silsilat ʒibāl (f)	سلسلة جبال
crête (f)	qimam ʒabaliyya (pl)	قمم جبليّة
sommet (m)	qimma (f)	قمّة
pic (m)	qimma (f)	قمّة
pied (m)	asfal (m)	أسفل
pente (f)	munḥadar (m)	منحدر
volcan (m)	burkān (m)	بركان
volcan (m) actif	burkān naʃiṭ (m)	بركان نشط
volcan (m) éteint	burkān χāmid (m)	بركان خامد
éruption (f)	θawrān (m)	ثوران
cratère (m)	fūhat al burkān (f)	فوهة البركان
magma (m)	māɣma (f)	ماغما
lave (f)	ḥumam burkāniyya (pl)	حمم بركانيّة
en fusion (lave ~)	munṣahira	منصهرة
canyon (m)	talʿa (m)	تلعة
défilé (m) (gorge)	wādi ḍayyiq (m)	واد ضيّق
crevasse (f)	ʃaqq (m)	شقّ

précipice (m)	hāwiya (f)	هاوية
col (m) de montagne	mamarr ʒabaliy (m)	ممرّ جبليّ
plateau (m)	haḍba (f)	هضبة
rocher (m)	ʒurf (m)	جرف
colline (f)	tall (m)	تلّ
glacier (m)	nahr ʒalīdiy (m)	نهر جليديّ
chute (f) d'eau	ʃallāl (m)	شلّال
geyser (m)	fawwāra ḥārra (m)	فوّارة حارّة
lac (m)	buḥayra (f)	بحيرة
plaine (f)	sahl (m)	سهل
paysage (m)	manẓar ṭabīʿiy (m)	منظر طبيعيّ
écho (m)	ṣada (m)	صدى
alpiniste (m)	mutasalliq al ʒibāl (m)	متسلّق الجبال
varappeur (m)	mutasalliq ṣuχūr (m)	متسلّق صخور
conquérir (vt)	taɣallab ʿala	تغلّب على
ascension (f)	tasalluq (m)	تسلّق

80. Les noms des chaînes de montagne

Alpes (f pl)	ʒibāl al alb (pl)	جبال الألب
Mont Blanc (m)	mūn blūn (m)	مون بلون
Pyrénées (f pl)	ʒibāl al barānis (pl)	جبال البرانس
Carpates (f pl)	ʒibāl al karbāt (pl)	جبال الكاربات
Monts Oural (m pl)	ʒibāl al ʾūrāl (pl)	جبال الأورال
Caucase (m)	ʒibāl al qawqāz (pl)	جبال القوقاز
Elbrous (m)	ʒabal ilbrūs (m)	جبل إلبروس
Altaï (m)	ʒibāl altāy (pl)	جبال ألتاي
Tian Chan (m)	ʒibāl tian ʃan (pl)	جبال تيان شان
Pamir (m)	ʒibāl bamīr (pl)	جبال بامير
Himalaya (m)	himalāya (pl)	هيمالايا
Everest (m)	ʒabal ivirist (m)	جبل افرست
Andes (f pl)	ʒibāl al andīz (pl)	جبال الأنديز
Kilimandjaro (m)	ʒabal kilimanʒāru (m)	جبل كليمنجارو

81. Les fleuves

rivière (f), fleuve (m)	nahr (m)	نهر
source (f)	ʿayn (m)	عين
lit (m) (d'une rivière)	maʒra an nahr (m)	مجرى النهر
bassin (m)	ḥawḍ (m)	حوض
se jeter dans ...	ṣabb fi ...	...صبّ في
affluent (m)	rāfid (m)	رافد

rive (f)	ḍiffa (f)	ضفّة
courant (m)	tayyār (m)	تيّار
en aval	f ittiʒāh maʒra an nahr	في إتجاه مجرى النهر
en amont	ḍidd at tayyār	ضد التيّار
inondation (f)	ɣamr (m)	غمر
les grandes crues	fayaḍān (m)	فيضان
déborder (vt)	fāḍ	فاض
inonder (vt)	ɣamar	غمر
bas-fond (m)	miyāh ḍaḥla (f)	مياه ضحلة
rapide (m)	munḥadar an nahr (m)	منحدر النهر
barrage (m)	sadd (m)	سدّ
canal (m)	qanāt (f)	قناة
lac (m) de barrage	χazzān māʾiy (m)	خزّان مائيّ
écluse (f)	hawīs (m)	هويس
plan (m) d'eau	masṭaḥ māʾiy (m)	مسطح مائيّ
marais (m)	mustanqaʿ (m)	مستنقع
fondrière (f)	mustanqaʿ (m)	مستنقع
tourbillon (m)	dawwāma (f)	دوّامة
ruisseau (m)	ʒadwal māʾiy (m)	جدول مائيّ
potable (adj)	aʃ ʃurb	الشرب
douce (l'eau ~)	ʿaðb	عذب
glace (f)	ʒalīd (m)	جليد
être gelé	taʒammad	تجمّد

82. Les noms des fleuves

Seine (f)	nahr as sīn (m)	نهر السين
Loire (f)	nahr al lua:r (m)	نهر اللوار
Tamise (f)	nahr at tīmz (m)	نهر التيمز
Rhin (m)	nahr ar rayn (m)	نهر الراين
Danube (m)	nahr ad danūb (m)	نهر الدانوب
Volga (f)	nahr al vulɣa (m)	نهر الفولغا
Don (m)	nahr ad dūn (m)	نهر الدون
Lena (f)	nahr līna (m)	نهر لينا
Huang He (m)	an nahr al aṣfar (m)	النهر الأصفر
Yangzi Jiang (m)	nahr al yanɣtsi (m)	نهر اليانغتسي
Mékong (m)	nahr al mikunɣ (m)	نهر الميكونغ
Gange (m)	nahr al ɣānʒ (m)	نهر الغانج
Nil (m)	nahr an nīl (m)	نهر النيل
Congo (m)	nahr al kunɣu (m)	نهر الكونغو

Okavango (m)	nahr ukavanʒu (m)	نهر اوكافانجو
Zambèze (m)	nahr az zambizi (m)	نهر الزمبيزي
Limpopo (m)	nahr limbubu (m)	نهر ليمبوبو
Mississippi (m)	nahr al mississibbi (m)	نهر الميسيسيبي

83. La forêt

forêt (f)	ɣāba (f)	غابة
forestier (adj)	ɣāba	غابة
fourré (m)	ɣāba kaθīfa (f)	غابة كثيفة
bosquet (m)	ɣāba ṣaɣīra (f)	غابة صغيرة
clairière (f)	minṭaqa uzīlat minha al aʃʒār (f)	منطقة أزيلت منها الأشجار
broussailles (f pl)	aʒama (f)	أجمة
taillis (m)	ʃuʒayrāt (pl)	شجيرات
sentier (m)	mamarr (m)	ممرّ
ravin (m)	wādi ḍayyiq (m)	واد ضيّق
arbre (m)	ʃaʒara (f)	شجرة
feuille (f)	waraqa (f)	ورقة
feuillage (m)	waraq (m)	ورق
chute (f) de feuilles	tasāquṭ al awrāq (m)	تساقط الأوراق
tomber (feuilles)	saqaṭ	سقط
sommet (m)	ra's (m)	رأس
rameau (m)	ɣuṣn (m)	غصن
branche (f)	ɣuṣn (m)	غصن
bourgeon (m)	bur'um (m)	برعم
aiguille (f)	ʃawka (f)	شوكة
pomme (f) de pin	kūz aṣ ṣanawbar (m)	كوز الصنوبر
creux (m)	ʒawf (m)	جوف
nid (m)	'uʃʃ (m)	عشّ
terrier (m) (~ d'un renard)	ʒuḥr (m)	جحر
tronc (m)	ʒiðʿ (m)	جذع
racine (f)	ʒiðr (m)	جذر
écorce (f)	liḥā' (m)	لحاء
mousse (f)	ṭuḥlub (m)	طحلب
déraciner (vt)	iqtalaʿ	إقتلع
abattre (un arbre)	qaṭaʿ	قطع
déboiser (vt)	azāl al ɣābāt	أزال الغابات
souche (f)	ʒiðʿ aʃ ʃaʒara (m)	جذع الشجرة
feu (m) de bois	nār muxayyam (m)	نار مخيّم
incendie (m)	ḥarīq ɣāba (m)	حريق غابة

éteindre (feu) aṭfa' أطفأ
garde (m) forestier ḥāris al ɣāba (m) حارس الغابة
protection (f) ḥimāya (f) حماية
protéger (vt) ḥama حمى
braconnier (m) sāriq aṣ ṣayd (m) سارق الصيد
piège (m) à mâchoires maṣyada (f) مصيدة

cueillir (vt) ʒamaʿ جمع
s'égarer (vp) tāh تاه

84. Les ressources naturelles

ressources (f pl) naturelles θarawāt ṭabīʿiyya (pl) ثروات طبيعيّة
minéraux (m pl) maʿādin (pl) معادن
gisement (m) makāmin (pl) مكامن
champ (m) (~ pétrolifère) ḥaql (m) حقل

extraire (vt) istaχraʒ إستخرج
extraction (f) istiχrāʒ (m) إستخراج
minerai (m) χām (m) خام
mine (f) (site) manʒam (m) منجم
puits (m) de mine manʒam (m) منجم
mineur (m) ʿāmil manʒam (m) عامل منجم

gaz (m) ɣāz (m) غاز
gazoduc (m) χaṭṭ anābīb ɣāz (m) خط أنابيب غاز

pétrole (m) nafṭ (m) نفط
pipeline (m) anābīb an nafṭ (pl) أنابيب النفط
tour (f) de forage bi'r an nafṭ (m) بئر النفط
derrick (m) ḥaffāra (f) حفّارة
pétrolier (m) nāqilat an nafṭ (f) ناقلة النفط

sable (m) raml (m) رمل
calcaire (m) ḥaʒar kalsiy (m) حجر كلسيّ
gravier (m) ḥaṣa (m) حصى
tourbe (f) χaθθ faḥm nabātiy (m) خثّ فحم نباتيّ
argile (f) ṭīn (m) طين
charbon (m) faḥm (m) فحم

fer (m) ḥadīd (m) حديد
or (m) ðahab (m) ذهب
argent (m) fiḍḍa (f) فضّة
nickel (m) nikil (m) نيكل
cuivre (m) nuḥās (m) نحاس

zinc (m) zink (m) زنك
manganèse (m) manɣanīz (m) منغنيز
mercure (m) zi'baq (m) زئبق
plomb (m) ruṣāṣ (m) رصاص

minéral (m)	ma'dan (m)	معدن
cristal (m)	ballūra (f)	بلّورة
marbre (m)	ruχām (m)	رخام
uranium (m)	yurānuim (m)	يورانيوم

85. Le temps

temps (m)	ṭaqs (m)	طقس
météo (f)	naʃra ʒawwiyya (f)	نشرة جوّيّة
température (f)	ḥarāra (f)	حرارة
thermomètre (m)	tirmūmitr (m)	ترمومتر
baromètre (m)	barūmitr (m)	بارومتر
humide (adj)	raṭib	رطب
humidité (f)	ruṭūba (f)	رطوبة
chaleur (f) (canicule)	ḥarāra (f)	حرارة
torride (adj)	ḥārr	حارّ
il fait très chaud	al ʒaww ḥārr	الجوّ حارّ
il fait chaud	al ʒaww dāfi'	الجوّ دافئ
chaud (modérément)	dāfi'	دافئ
il fait froid	al ʒaww bārid	الجوّ بارد
froid (adj)	bārid	بارد
soleil (m)	ʃams (f)	شمس
briller (soleil)	aḍā'	أضاء
ensoleillé (jour ~)	muʃmis	مشمس
se lever (vp)	ʃaraq	شرق
se coucher (vp)	ɣarab	غرب
nuage (m)	saḥāba (f)	سحابة
nuageux (adj)	ɣā'im	غائم
nuée (f)	saḥābat maṭar (f)	سحابة مطر
sombre (adj)	ɣā'im	غائم
pluie (f)	maṭar (m)	مطر
il pleut	innaha tamṭur	إنّها تمطر
pluvieux (adj)	mumṭir	ممطر
bruiner (v imp)	raðð	رذّ
pluie (f) torrentielle	maṭar munhamir (f)	مطر منهمر
averse (f)	maṭar ɣazīr (m)	مطر غزير
forte (la pluie ~)	ʃadīd	شديد
flaque (f)	birka (f)	بركة
se faire mouiller	ibtall	إبتلّ
brouillard (m)	ḍabāb (m)	ضباب
brumeux (adj)	muḍabbab	مضبّب
neige (f)	θalʒ (m)	ثلج
il neige	innaha taθluʒ	إنّها تثلج

86. Les intempéries. Les catastrophes naturelles

orage (m)	ʿāṣifa raʿdiyya (f)	عاصفة رعديّة
éclair (m)	barq (m)	برق
éclater (foudre)	baraq	برق
tonnerre (m)	raʿd (m)	رعد
gronder (tonnerre)	raʿad	رعد
le tonnerre gronde	tarʿad as samāʾ	ترعد السماء
grêle (f)	maṭar bard (m)	مطر برد
il grêle	tamṭur as samāʾ bardan	تمطر السماء بردًا
inonder (vt)	ɣamar	غمر
inondation (f)	fayaḍān (m)	فيضان
tremblement (m) de terre	zilzāl (m)	زلزال
secousse (f)	hazza arḍiyya (f)	هزّة أرضيّة
épicentre (m)	markaz az zilzāl (m)	مركز الزلزال
éruption (f)	θawrān (m)	ثوران
lave (f)	ḥumam burkāniyya (pl)	حمم بركانيّة
tourbillon (m), tornade (f)	iʿṣār (m)	إعصار
typhon (m)	ṭūfān (m)	طوفان
ouragan (m)	iʿṣār (m)	إعصار
tempête (f)	ʿāṣifa (f)	عاصفة
tsunami (m)	tsunāmi (m)	تسونامي
cyclone (m)	iʿṣār (m)	إعصار
intempéries (f pl)	ṭaqs sayyiʾ (m)	طقس سيّء
incendie (m)	ḥarīq (m)	حريق
catastrophe (f)	kāriθa (f)	كارثة
météorite (m)	ḥaʒar nayzakiy (m)	حجر نيزكيّ
avalanche (f)	inhiyār θalʒiy (m)	إنهيار ثلجيّ
éboulement (m)	inhiyār θalʒiy (m)	إنهيار ثلجي
blizzard (m)	ʿāṣifa θalʒiyya (f)	عاصفة ثلجيّة
tempête (f) de neige	ʿāṣifa θalʒiyya (f)	عاصفة ثلجيّة

LA FAUNE

T&P Books Publishing

87. Les mammifères. Les prédateurs

prédateur (m)	ḥayawān muftaris (m)	حيوان مفترس
tigre (m)	namir (m)	نمر
lion (m)	asad (m)	أسد
loup (m)	ðiʾb (m)	ذئب
renard (m)	θaʿlab (m)	ثعلب
jaguar (m)	namir amrīkiy (m)	نمر أمريكيّ
léopard (m)	fahd (m)	فهد
guépard (m)	namir ṣayyād (m)	نمر صيّاد
panthère (f)	namir aswad (m)	نمر أسود
puma (m)	būma (m)	بوما
léopard (m) de neiges	namir aθ θulūʒ (m)	نمر الثلوج
lynx (m)	waʃaq (m)	وشق
coyote (m)	qayūṭ (m)	قيوط
chacal (m)	ibn ʾāwa (m)	ابن آوى
hyène (f)	ḍabuʿ (m)	ضبع

88. Les animaux sauvages

animal (m)	ḥayawān (m)	حيوان
bête (f)	ḥayawān (m)	حيوان
écureuil (m)	sinʒāb (m)	سنجاب
hérisson (m)	qumfuð (m)	قنفذ
lièvre (m)	arnab barriy (m)	أرنب برّيّ
lapin (m)	arnab (m)	أرنب
blaireau (m)	ɣarīr (m)	غرير
raton (m)	rākūn (m)	راكون
hamster (m)	qidād (m)	قداد
marmotte (f)	marmuṭ (m)	مرموط
taupe (f)	χuld (m)	خلد
souris (f)	faʾr (m)	فأر
rat (m)	ʒurað (m)	جرذ
chauve-souris (f)	χuffāʃ (m)	خفّاش
hermine (f)	qāqum (m)	قاقم
zibeline (f)	sammūr (m)	سمّور
martre (f)	dalaq (m)	دلق

belette (f)	ibn ʿirs (m)	إبن عرس
vison (m)	mink (m)	منك
castor (m)	qundus (m)	قندس
loutre (f)	quḍāʿa (f)	قضاعة
cheval (m)	ḥiṣān (m)	حصان
élan (m)	mūz (m)	موظ
cerf (m)	ayyil (m)	أيّل
chameau (m)	ʒamal (m)	جمل
bison (m)	bisūn (m)	بيسون
aurochs (m)	θawr barriy (m)	ثور برّيّ
buffle (m)	ʒāmūs (m)	جاموس
zèbre (m)	ḥimār zarad (m)	حمار زرد
antilope (f)	ẓabiy (m)	ظبي
chevreuil (m)	yaḥmūr (m)	يحمور
biche (f)	ayyil asmar urubbiy (m)	أيّل أسمر أوروبّيّ
chamois (m)	ʃamwāh (f)	شامواه
sanglier (m)	χinzīr barriy (m)	خنزير برّيّ
baleine (f)	ḥūt (m)	حوت
phoque (m)	fuqma (f)	فقمة
morse (m)	faẓẓ (m)	فظّ
ours (m) de mer	fuqmat al firāʾ (f)	فقمة الفراء
dauphin (m)	dilfīn (m)	دلفين
ours (m)	dubb (m)	دبّ
ours (m) blanc	dubb quṭbiy (m)	دبّ قطبيّ
panda (m)	bānda (m)	باندا
singe (m)	qird (m)	قرد
chimpanzé (m)	ʃimbanzi (m)	شيمبانزي
orang-outang (m)	urangutān (m)	أورنغوتان
gorille (m)	ɣurīlla (f)	غوريلا
macaque (m)	qird al makāk (m)	قرد المكاك
gibbon (m)	ʒibbūn (m)	جيبون
éléphant (m)	fīl (m)	فيل
rhinocéros (m)	χartīt (m)	خرتيت
girafe (f)	zarāfa (f)	زرافة
hippopotame (m)	faras an nahr (m)	فرس النهر
kangourou (m)	kanɣar (m)	كنغر
koala (m)	kuala (m)	كوالا
mangouste (f)	nims (m)	نمس
chinchilla (m)	ʃinʃila (f)	شنشيلة
mouffette (f)	ẓaribān (m)	ظربان
porc-épic (m)	nīṣ (m)	نيص

89. Les animaux domestiques

chat (m) (femelle)	qiṭṭa (f)	قطّة
chat (m) (mâle)	ðakar al qiṭṭ (m)	ذكر القطّ
chien (m)	kalb (m)	كلب
cheval (m)	ḥiṣān (m)	حصان
étalon (m)	faḥl al χayl (m)	فحل الخيل
jument (f)	unθa al faras (f)	أنثى الفرس
vache (f)	baqara (f)	بقرة
taureau (m)	θawr (m)	ثور
bœuf (m)	θawr (m)	ثور
brebis (f)	χarūf (f)	خروف
mouton (m)	kabʃ (m)	كبش
chèvre (f)	māʿiz (m)	ماعز
bouc (m)	ðakar al māʿið (m)	ذكر الماعز
âne (m)	ḥimār (m)	حمار
mulet (m)	baɣl (m)	بغل
cochon (m)	χinzīr (m)	خنزير
pourceau (m)	χannūṣ (m)	خنّوص
lapin (m)	arnab (m)	أرنب
poule (f)	daʒāʒa (f)	دجاجة
coq (m)	dīk (m)	ديك
canard (m)	baṭṭa (f)	بطّة
canard (m) mâle	ðakar al baṭṭ (m)	ذكر البطّ
oie (f)	iwazza (f)	إوزّة
dindon (m)	dīk rūmiy (m)	ديك روميّ
dinde (f)	daʒāʒ rūmiy (m)	دجاج روميّ
animaux (m pl) domestiques	ḥayawānāt dawāʒin (pl)	حيوانات دواجن
apprivoisé (adj)	alīf	أليف
apprivoiser (vt)	allaf	ألّف
élever (vt)	rabba	ربّى
ferme (f)	mazraʿa (f)	مزرعة
volaille (f)	ṭuyūr dāʒina (pl)	طيور داجنة
bétail (m)	māʃiya (f)	ماشية
troupeau (m)	qaṭīʿ (m)	قطيع
écurie (f)	isṭabl χayl (m)	إسطبل خيل
porcherie (f)	ḥaẓīrat al χanāzīr (f)	حظيرة الخنازير
vacherie (f)	zirībat al baqar (f)	زريبة البقر
cabane (f) à lapins	qunn al arānib (m)	قنّ الأرانب
poulailler (m)	qunn ad daʒāʒ (m)	قن الدجاج

90. Les oiseaux

oiseau (m)	ṭā'ir (m)	طائر
pigeon (m)	ḥamāma (f)	حمامة
moineau (m)	'uṣfūr (m)	عصفور
mésange (f)	qurquf (m)	قرقف
pie (f)	'aq'aq (m)	عقعق
corbeau (m)	ɣurāb aswad (m)	غراب أسود
corneille (f)	ɣurāb (m)	غراب
choucas (m)	zāɣ (m)	زاغ
freux (m)	ɣurāb al qayẓ (m)	غراب القيظ
canard (m)	baṭṭa (f)	بطّة
oie (f)	iwazza (f)	إوزّة
faisan (m)	tadarruʒ (m)	تدرج
aigle (m)	nasr (m)	نسر
épervier (m)	bāz (m)	باز
faucon (m)	ṣaqr (m)	صقر
vautour (m)	raχam (m)	رخم
condor (m)	kundūr (m)	كندور
cygne (m)	timma (m)	تمّة
grue (f)	kurkiy (m)	كركي
cigogne (f)	laqlaq (m)	لقلق
perroquet (m)	babaɣā' (m)	ببغاء
colibri (m)	ṭannān (m)	طنّان
paon (m)	ṭāwūs (m)	طاووس
autruche (f)	na'āma (f)	نعامة
héron (m)	balaʃūn (m)	بلشون
flamant (m)	nuḥām wardiy (m)	نحامورديّ
pélican (m)	baʒa'a (f)	بجعة
rossignol (m)	bulbul (m)	بلبل
hirondelle (f)	sunūnū (m)	سنونو
merle (m)	sumna (m)	سمنة
grive (f)	summuna muɣarrida (m)	سمنة مغرّدة
merle (m) noir	ʃaḥrūr aswad (m)	شحرور أسود
martinet (m)	samāma (m)	سمامة
alouette (f) des champs	qubbara (f)	قبّرة
caille (f)	sammān (m)	سمّان
pivert (m)	naqqār al χaʃab (m)	نقّار الخشب
coucou (m)	waqwāq (m)	وقواق
chouette (f)	būma (f)	بومة
hibou (m)	būm urāsiy (m)	بوم أوراسيّ

tétras (m)	dīk il χalanʒ (m)	ديك الخلنج
tétras-lyre (m)	ṭayhūʒ aswad (m)	طيهوج أسود
perdrix (f)	ḥaʒal (m)	حجل
étourneau (m)	zurzūr (m)	زرزور
canari (m)	kanāriy (m)	كناريّ
gélinotte (f) des bois	ṭayhūʒ il bunduq (m)	طيهوج البندق
pinson (m)	ʃurʃūr (m)	شرشور
bouvreuil (m)	diɣnāʃ (m)	دغناش
mouette (f)	nawras (m)	نورس
albatros (m)	al qaṭras (m)	القطرس
pingouin (m)	biṭrīq (m)	بطريق

91. Les poissons. Les animaux marins

brème (f)	abramīs (m)	أبراميس
carpe (f)	ʃabbūṭ (m)	شبّوط
perche (f)	farχ (m)	فرخ
silure (m)	qarmūṭ (m)	قرموط
brochet (m)	samak al karāki (m)	سمك الكراكي
saumon (m)	salmūn (m)	سلمون
esturgeon (m)	ḥafʃ (m)	حفش
hareng (m)	rinʒa (f)	رنجة
saumon (m) atlantique	salmūn aṭlasiy (m)	سلمون أطلسيّ
maquereau (m)	usqumriy (m)	أسقمريّ
flet (m)	samak mufalṭaḥ (f)	سمك مفلطح
sandre (f)	samak sandar (m)	سمك سندر
morue (f)	qudd (m)	قدّ
thon (m)	tūna (f)	تونة
truite (f)	salmūn muraqqaṭ (m)	سلمون مرقّط
anguille (f)	ḥankalīs (m)	حنكليس
torpille (f)	raʿʿād (m)	رعّاد
murène (f)	murāy (m)	موراي
piranha (m)	birāna (f)	بيرانا
requin (m)	qirʃ (m)	قرش
dauphin (m)	dilfīn (m)	دلفين
baleine (f)	ḥūt (m)	حوت
crabe (m)	salṭaʿūn (m)	سلطعون
méduse (f)	qindīl al baḥr (m)	قنديل البحر
pieuvre (f), poulpe (m)	uχṭubūṭ (m)	أخطبوط
étoile (f) de mer	naʒmat al baḥr (f)	نجمة البحر
oursin (m)	qumfuð al baḥr (m)	قنفذ البحر

hippocampe (m)	ḥiṣān al baḥr (m)	فرس البحر
huître (f)	maḥār (m)	محار
crevette (f)	ʒambari (m)	جمبريّ
homard (m)	istakūza (f)	إستكوزا
langoustine (f)	karkand ʃāik (m)	كركند شائك

92. Les amphibiens. Les reptiles

serpent (m)	θuʿbān (m)	ثعبان
venimeux (adj)	sāmm	سامّ
vipère (f)	afʿa (f)	أفعى
cobra (m)	kūbra (m)	كوبرا
python (m)	biθūn (m)	بيثون
boa (m)	buwāʾ (f)	بواء
couleuvre (f)	θuʿbān al ʿuʃb (m)	ثعبان العشب
serpent (m) à sonnettes	afʿa al ʒalʒala (f)	أفعى الجلجلة
anaconda (m)	anakūnda (f)	أناكوندا
lézard (m)	siḥliyya (f)	سحليّة
iguane (m)	iɣwāna (f)	إغوانة
varan (m)	waral (m)	ورل
salamandre (f)	samandar (m)	سمندر
caméléon (m)	ḥirbāʾ (f)	حرباء
scorpion (m)	ʿaqrab (m)	عقرب
tortue (f)	sulaḥfāt (f)	سلحفاة
grenouille (f)	ḍifḍaʿ (m)	ضفدع
crapaud (m)	ḍifḍaʿ aṭ ṭīn (m)	ضفدع الطين
crocodile (m)	timsāḥ (m)	تمساح

93. Les insectes

insecte (m)	ḥaʃara (f)	حشرة
papillon (m)	farāʃa (f)	فراشة
fourmi (f)	namla (f)	نملة
mouche (f)	ðubāba (f)	ذبابة
moustique (m)	namūsa (f)	ناموسة
scarabée (m)	χunfusa (f)	خنفسة
guêpe (f)	dabbūr (m)	دبّور
abeille (f)	naḥla (f)	نحلة
bourdon (m)	naḥla ṭannāna (f)	نحلة طنّانة
œstre (m)	naʿra (f)	نعرة
araignée (f)	ʿankabūt (m)	عنكبوت
toile (f) d'araignée	nasīʒ ʿankabūt (m)	نسيج عنكبوت

libellule (f)	ya'sūb (m)	يعسوب
sauterelle (f)	ʒarād (m)	جراد
papillon (m)	'itta (f)	عتّة
cafard (m)	ṣurṣūr (m)	صرصور
tique (f)	qurāda (f)	قرادة
puce (f)	burɣūθ (m)	برغوث
moucheron (m)	ba'ūḍa (f)	بعوضة
criquet (m)	ʒarād (m)	جراد
escargot (m)	ḥalzūn (m)	حلزون
grillon (m)	ṣarrār al layl (m)	صرّار الليل
luciole (f)	yarā'a muḍī'a (f)	يراعة مضيئة
coccinelle (f)	da'sūqa (f)	دعسوقة
hanneton (m)	χunfusa kabīra (f)	خنفسة كبيرة
sangsue (f)	'alaqa (f)	علقة
chenille (f)	yasrū' (m)	يسروع
ver (m)	dūda (f)	دودة
larve (f)	yaraqa (f)	يرقة

LA FLORE

T&P Books Publishing

94. Les arbres

arbre (m)	ʃaʒara (f)	شجرة
à feuilles caduques	nafḍiyya	نفضيّة
conifère (adj)	ṣanawbariyya	صنوبريّة
à feuilles persistantes	dā'imat al χuḍra	دائمة الخضرة
pommier (m)	ʃaʒarat tuffāḥ (f)	شجرة تفّاح
poirier (m)	ʃaʒarat kummaθra (f)	شجرة كمّثرى
merisier (m), cerisier (m)	ʃaʒarat karaz (f)	شجرة كرز
prunier (m)	ʃaʒarat barqūq (f)	شجرة برقوق
bouleau (m)	batūla (f)	بتولا
chêne (m)	ballūṭ (f)	بلّوط
tilleul (m)	ʃaʒarat zayzafūn (f)	شجرة زيزفون
tremble (m)	ḥawr raʒrāʒ (m)	حور رجراج
érable (m)	qayqab (f)	قيقب
épicéa (m)	ratinaʒ (f)	راتينج
pin (m)	ṣanawbar (f)	صنوبر
mélèze (m)	arziyya (f)	أرزيّة
sapin (m)	tannūb (f)	تنّوب
cèdre (m)	arz (f)	أرز
peuplier (m)	ḥawr (f)	حور
sorbier (m)	ɣubayrā' (f)	غبيراء
saule (m)	ṣafsāf (f)	صفصاف
aune (m)	ʒār il mā' (m)	جار الماء
hêtre (m)	zān (m)	زان
orme (m)	dardār (f)	دردار
frêne (m)	marān (f)	مران
marronnier (m)	kastanā' (f)	كستناء
magnolia (m)	maɣnūliya (f)	مغنوليا
palmier (m)	naχla (f)	نخلة
cyprès (m)	sarw (f)	سرو
palétuvier (m)	ayka sāḥiliyya (f)	أيكة ساحليّة
baobab (m)	bāubāb (f)	باوباب
eucalyptus (m)	ukaliptus (f)	أوكالبتوس
séquoia (m)	siqūya (f)	سيكويا

95. Les arbustes

buisson (m)	ʃuʒayra (f)	شجيرة
arbrisseau (m)	ʃuʒayrāt (pl)	شجيرات
vigne (f)	karma (f)	كرمة
vigne (f) (vignoble)	karam (m)	كرم
framboise (f)	tūt al ʻullayq al aḥmar (m)	توت العلّيق الأحمر
groseille (f) rouge	kiʃmiʃ aḥmar (m)	كشمش أحمر
groseille (f) verte	ʻinab aθ θaʻlab (m)	عنب الثعلب
acacia (m)	sanṭ (f)	سنط
berbéris (m)	amīr barīs (m)	أمير باريس
jasmin (m)	yāsmīn (m)	ياسمين
genévrier (m)	ʻarʻar (m)	عرعر
rosier (m)	ʃuʒayrat ward (f)	شجيرة ورد
églantier (m)	ward ʒabaliy (m)	ورد جبليّ

96. Les fruits. Les baies

fruit (m)	θamra (f)	ثمرة
fruits (m pl)	θamr (m)	ثمر
pomme (f)	tuffāḥa (f)	تفّاحة
poire (f)	kummaθra (f)	كمّثرى
prune (f)	barqūq (m)	برقوق
fraise (f)	farawla (f)	فراولة
merise (f), cerise (f)	karaz (m)	كرز
raisin (m)	ʻinab (m)	عنب
framboise (f)	tūt al ʻullayq al aḥmar (m)	توت العلّيق الأحمر
cassis (m)	ʻinab aθ θaʻlab al aswad (m)	عنب الثعلب الأسود
groseille (f) rouge	kiʃmiʃ aḥmar (m)	كشمش أحمر
groseille (f) verte	ʻinab aθ θaʻlab (m)	عنب الثعلب
canneberge (f)	tūt aḥmar barriy (m)	توت أحمر بريّ
orange (f)	burtuqāl (m)	برتقال
mandarine (f)	yūsufiy (m)	يوسفي
ananas (m)	ananās (m)	أناناس
banane (f)	mawz (m)	موز
datte (f)	tamr (m)	تمر
citron (m)	laymūn (m)	ليمون
abricot (m)	miʃmiʃ (f)	مشمش
pêche (f)	durrāq (m)	دراق
kiwi (m)	kiwi (m)	كيوي

pamplemousse (m)	zinbāʿ (m)	زنباع
baie (f)	ḥabba (f)	حبّة
baies (f pl)	ḥabbāt (pl)	حبّات
airelle (f) rouge	ʿinab aθ θawr (m)	عنب الثور
fraise (f) des bois	farāwla barriyya (f)	فراولة بريّة
myrtille (f)	ʿinab al aḥrāʒ (m)	عنب الأحراج

97. Les fleurs. Les plantes

fleur (f)	zahra (f)	زهرة
bouquet (m)	bāqat zuhūr (f)	باقة زهور
rose (f)	warda (f)	وردة
tulipe (f)	tulīb (f)	توليب
oeillet (m)	qurumful (m)	قرنفل
glaïeul (m)	dalbūθ (f)	دلبوث
bleuet (m)	turunʃāh (m)	ترنشاه
campanule (f)	ʒarīs (m)	جريس
dent-de-lion (f)	hindibāʾ (f)	هندباء
marguerite (f)	babunʒ (m)	بابونج
aloès (m)	aluwwa (m)	ألوّة
cactus (m)	ṣabbār (m)	صبّار
ficus (m)	tīn (m)	تين
lis (m)	sawsan (m)	سوسن
géranium (m)	ibrat ar rāʿi (f)	إبرة الراعي
jacinthe (f)	zanbaq (f)	زنبق
mimosa (m)	mimūza (f)	ميموزا
jonquille (f)	narʒis (f)	نرجس
capucine (f)	abu χanʒar (f)	أبو خنجر
orchidée (f)	saḥlab (f)	سحلب
pivoine (f)	fawniya (f)	فاوانيا
violette (f)	banafsaʒ (f)	بنفسج
pensée (f)	banafsaʒ muθallaθ (m)	بنفسج مثلّث
myosotis (m)	ʾāðān al faʾr (pl)	آذان الفأر
pâquerette (f)	uqḥuwān (f)	أقحوان
coquelicot (m)	χaʃχāʃ (f)	خشخاش
chanvre (m)	qinnab (m)	قنب
menthe (f)	naʿnāʿ (m)	نعناع
muguet (m)	sawsan al wādi (m)	سوسن الوادي
perce-neige (f)	zahrat al laban (f)	زهرة اللبن
ortie (f)	qarrāṣ (m)	قرّاص
oseille (f)	ḥammāḍ (m)	حمّاض

nénuphar (m)	nilūfar (m)	نيلوفر
fougère (f)	saraχs (m)	سرخس
lichen (m)	uʃna (f)	أشنة
serre (f) tropicale	dafī'a (f)	دفيئة
gazon (m)	ʿuʃb (m)	عشب
parterre (m) de fleurs	ʒunaynat zuhūr (f)	جنينة زهور
plante (f)	nabāt (m)	نبات
herbe (f)	ʿuʃb (m)	عشب
brin (m) d'herbe	ʿuʃba (f)	عشبة
feuille (f)	waraqa (f)	ورقة
pétale (m)	waraqat az zahra (f)	ورقة الزهرة
tige (f)	sāq (f)	ساق
tubercule (m)	darnat nabāt (f)	درنة نبات
pousse (f)	nabta saɣīra (f)	نبتة صغيرة
épine (f)	ʃawka (f)	شوكة
fleurir (vi)	nawwar	نوّر
se faner (vp)	ðabal	ذبل
odeur (f)	rā'iḥa (f)	رائحة
couper (vt)	qaṭaʿ	قطع
cueillir (fleurs)	qaṭaf	قطف

98. Les céréales

grains (m pl)	ḥubūb (pl)	حبوب
céréales (f pl) (plantes)	maḥāṣīl al ḥubūb (pl)	محاصيل الحبوب
épi (m)	sumbula (f)	سنبلة
blé (m)	qamḥ (m)	قمح
seigle (m)	ʒāwdār (m)	جاودار
avoine (f)	ʃūfān (m)	شوفان
millet (m)	duχn (m)	دخن
orge (f)	ʃaʿīr (m)	شعير
maïs (m)	ðura (f)	ذرّة
riz (m)	urz (m)	أرز
sarrasin (m)	ḥinṭa sawdā' (f)	حنطة سوداء
pois (m)	bisilla (f)	بسلّة
haricot (m)	faṣūliya (f)	فاصوليا
soja (m)	fūl aṣ ṣūya (m)	فول الصويا
lentille (f)	ʿadas (m)	عدس
fèves (f pl)	fūl (m)	فول

LES PAYS DU MONDE

T&P Books Publishing

99. Les pays du monde. Partie 1

Afghanistan (m)	afɣanistān (f)	أفغانستان
Albanie (f)	albāniya (f)	ألبانيا
Allemagne (f)	almāniya (f)	ألمانيا
Angleterre (f)	inʒiltirra (f)	إنجلترّا
Arabie (f) Saoudite	as sa'ūdiyya (f)	السعوديّة
Argentine (f)	arʒantīn (f)	الأرجنتين
Arménie (f)	armīniya (f)	أرمينيا
Australie (f)	usturāliya (f)	أستراليا
Autriche (f)	an nimsa (f)	النمسا
Azerbaïdjan (m)	aðarbiʒān (m)	أذربيجان
Bahamas (f pl)	ʒuzur bahāmas (pl)	جزر باهاماس
Bangladesh (m)	banʒladīʃ (f)	بنجلاديش
Belgique (f)	balʒīka (f)	بلجيكا
Biélorussie (f)	bilarūs (f)	بيلاروس
Bolivie (f)	bulīviya (f)	بوليفيا
Bosnie (f)	al busna wal hirsuk (f)	البوسنة والهرسك
Brésil (m)	al brazīl (f)	البرازيل
Bulgarie (f)	bulɣāriya (f)	بلغاريا
Cambodge (m)	kambūdya (f)	كمبوديا
Canada (m)	kanada (f)	كندا
Chili (m)	tʃīli (f)	تشيلي
Chine (f)	aṣ ṣīn (f)	الصين
Chypre (m)	qubruṣ (f)	قبرص
Colombie (f)	kulumbiya (f)	كولومبيا
Corée (f) du Nord	kūria aʃ ʃimāliyya (f)	كوريا الشماليّة
Corée (f) du Sud	kuriya al ʒanūbiyya (f)	كوريا الجنوبيّة
Croatie (f)	kruātiya (f)	كرواتيا
Cuba (f)	kūba (f)	كوبا
Danemark (m)	ad danimārk (f)	الدانمارك
Écosse (f)	iskutlanda (f)	اسكتلندا
Égypte (f)	miṣr (f)	مصر
Équateur (m)	al iqwadūr (f)	الإكوادور
Espagne (f)	isbāniya (f)	إسبانيا
Estonie (f)	istūniya (f)	إستونيا
Les États Unis	al wilāyāt al muttaḥida al amrīkiyya (pl)	الولايات المتّحدة الأمريكيّة
Fédération (f) des Émirats Arabes Unis	al imārāt al 'arabiyya al muttaḥida (pl)	الإمارات العربيّة المتّحدة
Finlande (f)	finlanda (f)	فنلندا
France (f)	faransa (f)	فرنسا

Géorgie (f)	ʒūrʒiya (f)	جورجيا
Ghana (m)	ɣāna (f)	غانا
Grande-Bretagne (f)	briṭāniya al 'uẓma (f)	بريطانيا العظمى
Grèce (f)	al yūnān (f)	اليونان

100. Les pays du monde. Partie 2

Haïti (m)	haīti (f)	هايتي
Hongrie (f)	al maʒar (f)	المجر
Inde (f)	al hind (f)	الهند
Indonésie (f)	indunīsiya (f)	إندونيسيا
Iran (m)	'īrān (f)	إيران
Iraq (m)	al 'irāq (m)	العراق
Irlande (f)	irlanda (f)	أيرلندا
Islande (f)	'āyslanda (f)	آيسلندا
Israël (m)	isrā'īl (f)	إسرائيل
Italie (f)	iṭāliya (f)	إيطاليا
Jamaïque (f)	ʒamāyka (f)	جامايكا
Japon (m)	al yabān (f)	اليابان
Jordanie (f)	al urdun (m)	الأردن
Kazakhstan (m)	kazaχstān (f)	كازاخستان
Kenya (m)	kiniya (f)	كينيا
Kirghizistan (m)	qirɣizistān (f)	قيرغيزستان
Koweït (m)	al kuwayt (f)	الكويت
Laos (m)	lawus (f)	لاوس
Lettonie (f)	lātviya (f)	لاتفيا
Liban (m)	lubnān (f)	لبنان
Libye (f)	lībiya (f)	ليبيا
Liechtenstein (m)	liʃtinʃtāyn (m)	ليشتنشتاين
Lituanie (f)	litwāniya (f)	ليتوانيا
Luxembourg (m)	luksimburɣ (f)	لوكسمبورغ
Macédoine (f)	maqdūniya (f)	مقدونيا
Madagascar (f)	madaɣaʃqar (f)	مدغشقر
Malaisie (f)	malīziya (f)	ماليزيا
Malte (f)	malṭa (f)	مالطا
Maroc (m)	al maɣrib (m)	المغرب
Mexique (m)	al maksīk (f)	المكسيك
Moldavie (f)	muldāviya (f)	مولدافيا
Monaco (m)	munāku (f)	موناكو
Mongolie (f)	manɣūliya (f)	منغوليا
Monténégro (m)	al ʒabal al aswad (m)	الجبل الأسود
Myanmar (m)	myanmār (f)	ميانمار
Namibie (f)	namībiya (f)	ناميبيا
Népal (m)	nibāl (f)	نيبال
Norvège (f)	an nirwīʒ (f)	النرويج

Nouvelle Zélande (f)	nyu zilanda (f)	نيوزيلندا
Ouzbékistan (m)	uzbikistān (f)	أوزبكستان

101. Les pays du monde. Partie 3

Pakistan (m)	bakistān (f)	باكستان
Palestine (f)	filisṭīn (f)	فلسطين
Panamá (m)	banama (f)	بنما
Paraguay (m)	baraɣwāy (f)	باراغواي
Pays-Bas (m)	hulanda (f)	هولندا
Pérou (m)	biru (f)	بيرو
Pologne (f)	bulanda (f)	بولندا
Polynésie (f) Française	bulinīziya al faransiyya (f)	بولينزيا الفرنسيّة
Portugal (m)	al burtuɣāl (f)	البرتغال
République (f) Dominicaine	ʒumhūriyyat ad duminikan (f)	جمهوريّة الدومينيكان
République (f) Sud-africaine	ʒumhūriyyat afrīqiya al ʒanūbiyya (f)	جمهريّة أفريقيا الجنوبيّة
République (f) Tchèque	atʃ tʃīk (f)	التشيك
Roumanie (f)	rumāniya (f)	رومانيا
Russie (f)	rūsiya (f)	روسيا
Sénégal (m)	as siniɣāl (f)	السنغال
Serbie (f)	ṣirbiya (f)	صربيا
Slovaquie (f)	sluvākiya (f)	سلوفاكيا
Slovénie (f)	sluvīniya (f)	سلوفينيا
Suède (f)	as suwayd (f)	السويد
Suisse (f)	swīsra (f)	سويسرا
Surinam (m)	surinām (f)	سورينام
Syrie (f)	sūriya (f)	سوريا
Tadjikistan (m)	ṭaʒīkistān (f)	طاجيكستان
Taïwan (m)	taywān (f)	تايوان
Tanzanie (f)	tanzāniya (f)	تنزانيا
Tasmanie (f)	tasmāniya (f)	تاسمانيا
Thaïlande (f)	taylānd (f)	تايلاند
Tunisie (f)	tūnis (f)	تونس
Turkménistan (m)	turkmānistān (f)	تركمانستان
Turquie (f)	turkiya (f)	تركيا
Ukraine (f)	ukrāniya (f)	أوكرانيا
Uruguay (m)	uruɣwāy (f)	الأوروغواي
Vatican (m)	al vatikān (m)	الفاتيكان
Venezuela (f)	vinizwiyla (f)	فنزويلا
Vietnam (m)	vitnām (f)	فيتنام
Zanzibar (m)	zanʒibār (f)	زنجبار

GLOSSAIRE GASTRONOMIQUE

Cette section contient beaucoup de mots associés à la nourriture. Ce dictionnaire vous facilitera la tâche de comprendre le menu et de commander le bon plat au restaurant

T&P Books Publishing

Français-Arabe glossaire gastronomique

épi (m)	sumbula (f)	سنبلة
épice (f)	bahār (m)	بهار
épinard (m)	sabāniχ (m)	سبانخ
œuf (m)	bayḍa (f)	بيضة
abricot (m)	miʃmiʃ (f)	مشمش
addition (f)	ḥisāb (m)	حساب
ail (m)	θūm (m)	ثوم
airelle (f) rouge	ʻinab aθ θawr (m)	عنب الثور
amande (f)	lawz (m)	لوز
amanite (f) tue-mouches	fuṭr amānīt aṭ ṭā'ir as sāmm (m)	فطر أمانيت الطائر السامّ
amer (adj)	murr	مرّ
ananas (m)	ananās (m)	أناناس
anguille (f)	ḥankalīs (m)	حنكليس
anis (m)	yānsūn (m)	يانسون
apéritif (m)	ʃarāb (m)	شراب
appétit (m)	ʃahiyya (f)	شهيّة
arrière-goût (m)	al maðāq al ʻāliq fil fam (m)	المذاق العالق فى الفم
artichaut (m)	χurʃūf (m)	خرشوف
asperge (f)	halyūn (m)	هليون
assiette (f)	ṭabaq (m)	طبق
aubergine (f)	bātinʒān (m)	باذنجان
avec de la glace	biθ θalʒ	بالثلج
avocat (m)	avukādu (f)	افوكاتو
avoine (f)	ʃūfān (m)	شوفان
bacon (m)	bikūn (m)	بيكون
baie (f)	ḥabba (f)	حبّة
baies (f pl)	ḥabbāt (pl)	حبّات
banane (f)	mawz (m)	موز
bar (m)	bār (m)	بار
barman (m)	bārman (m)	بارمان
basilic (m)	rīḥān (m)	ريحان
betterave (f)	banʒar (m)	بنجر
beurre (m)	zubda (f)	زبدة
bière (f)	bīra (f)	بيرة
bière (f) blonde	bīra χafīfa (f)	بيرة خفيفة
bière (f) brune	bīra ɣāmiqa (f)	بيرة غامقة
biscuit (m)	baskawīt (m)	بسكويت
blé (m)	qamḥ (m)	قمح
blanc (m) d'œuf	bayāḍ al bayḍ (m)	بياض البيض
boisson (f) non alcoolisée	maʃrūb ɣāziy (m)	مشروب غازي
boissons (f pl) alcoolisées	maʃrūbāt kuḥūliyya (pl)	مشروبات كحوليّة

bolet (m) bai	fuṭr bulīṭ (m)	فطر بوليط
bolet (m) orangé	fuṭr aḥmar (m)	فطر أحمر
bon (adj)	laðīð	لذيذ
Bon appétit!	hanī'an marī'an!	!هنيئًا مريئًا
bonbon (m)	bumbūn (m)	بونبون
bouillie (f)	'aṣīda (f)	عصيدة
bouillon (m)	maraq (m)	مرق
brème (f)	abramīs (m)	أبراميس
brochet (m)	samak al karāki (m)	سمك الكراكي
brocoli (m)	brukuli (m)	بركولي
cèpe (m)	fuṭr bulīṭ ma'kūl (m)	فطر بوليط مأكول
céleri (m)	karafs (m)	كرفس
céréales (f pl)	maḥāṣīl al ḥubūb (pl)	محاصيل الحبوب
cacahuète (f)	fūl sudāniy (m)	فول سودانيّ
café (m)	qahwa (f)	قهوة
café (m) au lait	qahwa bil ḥalīb (f)	قهوة بالحليب
café (m) noir	qahwa sāda (f)	قهوة سادة
café (m) soluble	niskafi (m)	نيسكافيه
calamar (m)	kalmāri (m)	كالماري
calorie (f)	su'ra ḥarāriyya (f)	سعرة حراريّة
canard (m)	baṭṭa (f)	بطّة
canneberge (f)	tūt aḥmar barriy (m)	توت أحمر برّيّ
cannelle (f)	qirfa (f)	قرفة
cappuccino (m)	kaputʃīnu (m)	كابتشينو
carotte (f)	ʒazar (m)	جزر
carpe (f)	ʃabbūṭ (m)	شبّوط
carte (f)	qā'imat aṭ ṭa'ām (f)	قائمة طعام
carte (f) des vins	qā'imat al χumūr (f)	قائمة خمور
cassis (m)	'inab aθ θa'lab al aswad (m)	عنب الثعلب الأسود
caviar (m)	kaviyār (m)	كافيار
champagne (m)	ʃambāniya (f)	شمبانيا
champignon (m)	fuṭr (f)	فطر
champignon (m) comestible	fuṭr ṣāliḥ lil akl (m)	فطر صالح للأكل
champignon (m) vénéneux	fuṭr sāmm (m)	فطر سامّ
chaud (adj)	sāχin	ساخن
chocolat (m)	ʃukulāta (f)	شكولاتة
chou (m)	kurumb (m)	كرنب
chou (m) de Bruxelles	kurumb brūksil (m)	كرنب بروكسل
chou-fleur (m)	qarnabīṭ (m)	قرنبيط
citron (m)	laymūn (m)	ليمون
clou (m) de girofle	qurumful (m)	قرنفل
cocktail (m)	kuktayl (m)	كوكتيل
cocktail (m) au lait	milk ʃiyk (m)	ميلك شيك
cognac (m)	kunyāk (m)	كونياك
concombre (m)	χiyār (m)	خيار
condiment (m)	tābil (m)	تابل
confiserie (f)	ḥalawiyyāt (pl)	حلويّات
confiture (f)	murabba (m)	مربّى
confiture (f)	murabba (m)	مربّى

congelé (adj)	muʒammad	مجمّد
conserves (f pl)	muʿallabāt (pl)	معلّبات
coriandre (m)	kuzbara (f)	كزبرة
courgette (f)	kūsa (f)	كوسة
couteau (m)	sikkīn (m)	سكّين
crème (f)	krīma (f)	كريمة
crème (f) aigre	krīma ḥāmiḍa (f)	كريمة حامضة
crème (f) au beurre	krīmat zubda (f)	كريمة زبدة
crabe (m)	salṭaʿūn (m)	سلطعون
crevette (f)	ʒambari (m)	جمبريّ
cuillère (f)	milʿaqa (f)	ملعقة
cuillère (f) à soupe	milʿaqa kabīra (f)	ملعقة كبيرة
cuisine (f)	maṭbaχ (m)	مطبخ
cuisse (f)	faχð χinzīr (m)	فخذ خنزير
cuit à l'eau (adj)	maslūq	مسلوق
cumin (m)	karāwiya (f)	كراوية
cure-dent (m)	χallat asnān (f)	خلّة أسنان
déjeuner (m)	ɣadāʾ (m)	غداء
dîner (m)	ʿaʃāʾ (m)	عشاء
datte (f)	tamr (m)	تمر
dessert (m)	ḥalawiyyāt (pl)	حلويّات
dinde (f)	daʒāʒ rūmiy (m)	دجاج رومي
du bœuf	laḥm al baqar (m)	لحم البقر
du mouton	laḥm aḍ ḍaʾn (m)	لحم الضأن
du porc	laḥm al χinzīr (m)	لحم الخنزير
du veau	laḥm il ʿiʒl (m)	لحم العجل
eau (f)	māʾ (m)	ماء
eau (f) minérale	māʾ maʿdaniy (m)	ماء معدنيّ
eau (f) potable	māʾ ʃurb (m)	ماء شرب
en chocolat (adj)	biʃ ʃukulāṭa	بالشكولاتة
esturgeon (m)	samak al ḥafʃ (m)	سمك الحفش
fèves (f pl)	fūl (m)	فول
farce (f)	ḥaʃwa (f)	حشوة
farine (f)	daqīq (m)	دقيق
fenouil (m)	ʃabat (m)	شبت
feuille (f) de laurier	awrāq al ɣār (pl)	أوراق الغار
figue (f)	tīn (m)	تين
flétan (m)	samak al halbūt (m)	سمك الهلبوت
flet (m)	samak mufalṭaḥ (f)	سمك مفلطح
foie (m)	kibda (f)	كبدة
fourchette (f)	ʃawka (f)	شوكة
fraise (f)	farawla (f)	فراولة
fraise (f) des bois	farāwla barriyya (f)	فراولة بريّة
framboise (f)	tūt al ʿullayq al aḥmar (m)	توت العلّيق الأحمر
frit (adj)	maqliy	مقليّ
froid (adj)	bārid	بارد
fromage (m)	ʒubna (f)	جبنة
fruit (m)	fākiha (f)	فاكهة
fruits (m pl)	θamr (m)	ثمر
fruits (m pl) de mer	fawākih al baḥr (pl)	فواكه البحر
fumé (adj)	mudaχχin	مدخّن
gâteau (m)	kaʿk (m)	كعك

gâteau (m)	faṭīra (f)	فطيرة
garniture (f)	ḥaʃwa (f)	حشوة
garniture (f)	ṭabaq ʒānibiy (m)	طبق جانبيّ
gaufre (f)	wāfil (m)	وافل
gazeuse (adj)	mukarban	مكربن
gibier (m)	ṣayd (m)	صيد
gin (m)	ʒīn (m)	جين
gingembre (m)	zanʒabīl (m)	زنجبيل
girolle (f)	fuṭr kwīzi (m)	فطر كويزي
glace (f)	θalʒ (m)	ثلج
glace (f)	muθallaʒāt (pl)	مثلّجات
glucides (m pl)	naʃawiyyāt (pl)	نشويّات
goût (m)	ṭaʿm (m)	طعم
gomme (f) à mâcher	ʿilk (m)	علك
grains (m pl)	ḥubūb (pl)	حبوب
grenade (f)	rummān (m)	رمان
groseille (f) rouge	kiʃmiʃ aḥmar (m)	كشمش أحمر
groseille (f) verte	ʿinab aθ θaʿlab (m)	عنب الثعلب
gruau (m)	ḥubūb (pl)	حبوب
hamburger (m)	hamburger (m)	هامبورجر
hareng (m)	rinʒa (f)	رنجة
haricot (m)	faṣūliya (f)	فاصوليا
hors-d'œuvre (m)	muqabbilāt (pl)	مقبّلات
huître (f)	maḥār (m)	محار
huile (f) d'olive	zayt az zaytūn (m)	زيت الزيتون
huile (f) de tournesol	zayt ʿabīd aʃ ʃams (m)	زيت عبيد الشمس
huile (f) végétale	zayt (m)	زيت
jambon (m)	hām (m)	هام
jaune (m) d'œuf	ṣafār al bayḍ (m)	صفار البيض
jus (m)	ʿaṣīr (m)	عصير
jus (m) d'orange	ʿaṣīr burtuqāl (m)	عصير برتقال
jus (m) de tomate	ʿaṣīr ṭamāṭim (m)	عصير طماطم
jus (m) pressé	ʿaṣīr ṭāziʒ (m)	عصير طازج
kiwi (m)	kiwi (m)	كيوي
légumes (m pl)	χuḍār (pl)	خضار
lait (m)	ḥalīb (m)	حليب
lait (m) condensé	ḥalīb mukaθθaf (m)	حليب مكثّف
laitue (f), salade (f)	χass (m)	خسّ
langoustine (f)	karkand ʃāik (m)	كركند شائك
langue (f)	lisān (m)	لسان
lapin (m)	arnab (m)	أرنب
lentille (f)	ʿadas (m)	عدس
les œufs	bayḍ (m)	بيض
les œufs brouillés	bayḍ maqliy (m)	بيض مقليّ
limonade (f)	ʃarāb laymūn (m)	شراب ليمون
lipides (m pl)	duhūn (pl)	دهون
liqueur (f)	liqiūr (m)	ليكيور
mûre (f)	θamar al ʿullayk (m)	ثمر العليّق
maïs (m)	ðura (f)	ذرّة
maïs (m)	ðura (f)	ذرّة
mandarine (f)	yūsufiy (m)	يوسفي
mangue (f)	mangu (m)	مانجو

maquereau (m)	usqumriy (m)	أسقمريّ
margarine (f)	marɣarīn (m)	مرغرين
mariné (adj)	muχallil	مخلّل
marmelade (f)	marmalād (f)	مرملاد
melon (m)	baṭṭīχ aṣfar (f)	بطّيخ أصفر
miel (m)	ʿasal (m)	عسل
miette (f)	futāta (f)	فتاتة
millet (m)	duχn (m)	دخن
morceau (m)	qiṭʿa (f)	قطعة
morille (f)	fuṭr al ɣūʃna (m)	فطر الغوشنة
morue (f)	samak al qudd (m)	سمك القدّ
moutarde (f)	ṣalṣat al χardal (f)	صلصة الخردل
myrtille (f)	ʿinab al aḥrāʒ (m)	عنب الأحراج
navet (m)	lift (m)	لفت
noisette (f)	bunduq (m)	بندق
noix (f)	ʿayn al ʒamal (f)	عين الجمل
noix (f) de coco	ʒawz al hind (m)	جوز هند
nouilles (f pl)	nūdlis (f)	نودلز
nourriture (f)	akl (m)	أكل
oie (f)	iwazza (f)	إوزّة
oignon (m)	baṣal (m)	بصل
olives (f pl)	zaytūn (m)	زيتون
omelette (f)	bayḍ maχfūq (m)	بيض مخفوق
orange (f)	burtuqāl (m)	برتقال
orge (f)	ʃaʿīr (m)	شعير
oronge (f) verte	fuṭr amānīt falusyāniy as sāmm (m)	فطر أمانيت فالوسياني السامّ
ouvre-boîte (m)	fattāḥa (f)	فتّاحة
ouvre-bouteille (m)	fattāḥa (f)	فتّاحة
pâté (m)	maʿʒūn laḥm (m)	معجون لحم
pâtes (m pl)	makarūna (f)	مكرونة
pétales (m pl) de maïs	kurn fliks (m)	كورن فليكس
pétillante (adj)	bil ɣāz	بالغاز
pêche (f)	durrāq (m)	دراق
pain (m)	χubz (m)	خبز
pamplemousse (m)	zinbāʿ (m)	زنباع
papaye (f)	babāya (m)	بابايا
paprika (m)	babrika (f)	بابريكا
pastèque (f)	baṭṭīχ aḥmar (m)	بطّيخ أحمر
peau (f)	qiʃra (f)	قشرة
perche (f)	farχ (m)	فرخ
persil (m)	baqdūnis (m)	بقدونس
petit déjeuner (m)	fuṭūr (m)	فطور
petite cuillère (f)	milʿaqat ʃāy (f)	ملعقة شاي
pistaches (f pl)	fustuq (m)	فستق
pizza (f)	bītza (f)	بيتزا
plat (m)	waʒba (f)	وجبة
plate (adj)	bi dūn ɣāz	بدون غاز
poire (f)	kummaθra (f)	كمّثرى
pois (m)	bisilla (f)	بسلّة
poisson (m)	samak (m)	سمك
poivre (m) noir	filfil aswad (m)	فلفل أسود

poivre (m) rouge	filfil aḥmar (m)	فلفل أحمر
poivron (m)	filfil (m)	فلفل
pomme (f)	tuffāḥa (f)	تفّاحة
pomme (f) de terre	baṭāṭis (f)	بطاطس
portion (f)	waʒba (f)	وجبة
potiron (m)	qarʿ (m)	قرع
poulet (m)	daʒāʒ (m)	دجاج
pourboire (m)	baqʃiʃ (m)	بقشيش
protéines (f pl)	brutināt (pl)	بروتينات
prune (f)	barqūq (m)	برقوق
pudding (m)	būding (m)	بودنج
purée (f)	harīs baṭāṭis (m)	هريس بطاطس
régime (m)	ḥimya ɣaðā'iyya (f)	حمية غذائية
radis (m)	fiʒl (m)	فجل
rafraîchissement (m)	maʃrūb muθallaʒ (m)	مشروب مثلّج
raifort (m)	fiʒl ḥārr (m)	فجل حارّ
raisin (m)	ʿinab (m)	عنب
raisin (m) sec	zabīb (m)	زبيب
recette (f)	waṣfa (f)	وصفة
requin (m)	qirʃ (m)	قرش
rhum (m)	rum (m)	رم
riz (m)	urz (m)	أرز
russule (f)	fuṭr russūla (m)	فطر روسّولا
sésame (m)	simsim (m)	سمسم
safran (m)	zaʿfarān (m)	زعفران
salé (adj)	māliḥ	مالح
salade (f)	sulṭa (f)	سلطة
sandre (f)	samak sandar (m)	سمك سندر
sandwich (m)	sandawitʃ (m)	ساندويتش
sans alcool	bi dūn kuḥūl	بدون كحول
sardine (f)	sardīn (m)	سردين
sarrasin (m)	ḥinṭa sawdā' (f)	حنطة سوداء
sauce (f)	ṣalṣa (f)	صلصة
sauce (f) mayonnaise	mayunīz (m)	مايونيز
saucisse (f)	suʒuq (m)	سجق
saucisson (m)	suʒuq (m)	سجق
saumon (m)	salmūn (m)	سلمون
saumon (m) atlantique	salmūn aṭlasiy (m)	سلمون أطلسيّ
sec (adj)	muʒaffaf	مجفّف
seigle (m)	ʒāwdār (m)	جاودار
sel (m)	milḥ (m)	ملح
serveur (m)	nādil (m)	نادل
serveuse (f)	nādila (f)	نادلة
silure (m)	qarmūṭ (m)	قرموط
soja (m)	fūl aṣ ṣūya (m)	فول الصويا
soucoupe (f)	ṭabaq finʒān (m)	طبق فنجان
soupe (f)	ʃūrba (f)	شوربة
spaghettis (m pl)	spaɣitti (m)	سباغيتي
steak (m)	biftīk (m)	بفتيك
sucré (adj)	musakkar	مسكّر
sucre (m)	sukkar (m)	سكّر
tarte (f)	tūrta (f)	تورتة

tasse (f)	finʒān (m)	فنجان
thé (m)	ʃāy (m)	شاي
thé (m) noir	ʃāy aswad (m)	شاي أسود
thé (m) vert	ʃāy axḍar (m)	شاي أخضر
thon (m)	tūna (f)	تونة
tire-bouchon (m)	barrīma (f)	برّيمة
tomate (f)	ṭamāṭim (f)	طماطم
tranche (f)	ʃarīḥa (f)	شريحة
truite (f)	salmūn muraqqaṭ (m)	سلمون مرقّط
végétarien (adj)	nabātiy	نباتيّ
végétarien (m)	nabātiy (m)	نباتيّ
verdure (f)	xuḍrawāt waraqiyya (pl)	خضروات ورقيّة
vermouth (m)	virmut (m)	فيرموث
verre (m)	kubbāya (f)	كبّاية
verre (m) à vin	ka's (f)	كأس
viande (f)	laḥm (m)	لحم
vin (m)	nabīð (f)	نبيذ
vin (m) blanc	nibīð abyaḍ (m)	نبيذ أبيض
vin (m) rouge	nabīð aḥmar (m)	نبيذ أحمر
vinaigre (m)	xall (m)	خلّ
vitamine (f)	vitamīn (m)	فيتامين
vodka (f)	vudka (f)	فودكا
whisky (m)	wiski (m)	وسكي
yogourt (m)	yūɣurt (m)	يوغورت

Arabe-Français glossaire gastronomique

طبق فنجان	ṭabaq finʒān (m)	soucoupe (f)
كبّاية	kubbāya (f)	verre (m)
كأس	ka'S (f)	verre (m) à vin
لحم	laḥm (m)	viande (f)
دجاج	daʒāʒ (m)	poulet (m)
بطّة	baṭṭa (f)	canard (m)
إوزّة	iwazza (f)	oie (f)
صيد	ṣayd (m)	gibier (m)
دجاج رومي	daʒāʒ rūmiy (m)	dinde (f)
لحم الخنزير	laḥm al χinzīr (m)	du porc
لحم العجل	laḥm il ʻiʒl (m)	du veau
لحم الضأن	laḥm aḍ ḍa'n (m)	du mouton
لحم البقر	laḥm al baqar (m)	du bœuf
أرنب	arnab (m)	lapin (m)
سجق	suʒuq (m)	saucisson (m)
سجق	suʒuq (m)	saucisse (f)
بيكون	bikūn (m)	bacon (m)
هام	hām (m)	jambon (m)
فخذ خنزير	faχð χinzīr (m)	cuisse (f)
معجون لحم	maʻʒūn laḥm (m)	pâté (m)
كبدة	kibda (f)	foie (m)
حشوة	ḥaʃwa (f)	farce (f)
لسان	lisān (m)	langue (f)
بيضة	bayḍa (f)	œuf (m)
بيض	bayḍ (m)	les œufs
بياض البيض	bayāḍ al bayḍ (m)	blanc (m) d'œuf
صفار البيض	ṣafār al bayḍ (m)	jaune (m) d'œuf
سمك	samak (m)	poisson (m)
فواكه البحر	fawākih al baḥr (pl)	fruits (m pl) de mer
كافيار	kaviyār (m)	caviar (m)
سلطعون	salṭaʻūn (m)	crabe (m)
جمبريّ	ʒambari (m)	crevette (f)
محار	maḥār (m)	huître (f)
كركند شائك	karkand ʃāik (m)	langoustine (f)
كالماري	kalmāri (m)	calamar (m)
سمك الحفش	samak al ḥafʃ (m)	esturgeon (m)
سلمون	salmūn (m)	saumon (m)
سمك الهلبوت	samak al halbūt (m)	flétan (m)
سمك القدّ	samak al qudd (m)	morue (f)
أسقمريّ	usqumriy (m)	maquereau (m)
تونة	tūna (f)	thon (m)
حنكليس	ḥankalīs (m)	anguille (f)
سلمون مرقّط	salmūn muraqqaṭ (m)	truite (f)
سردين	sardīn (m)	sardine (f)

سمك الكراكي	samak al karāki (m)	brochet (m)
رنجة	rinʒa (f)	hareng (m)
خبز	χubz (m)	pain (m)
جبنة	ʒubna (f)	fromage (m)
سكّر	sukkar (m)	sucre (m)
ملح	milḥ (m)	sel (m)
أرز	urz (m)	riz (m)
مكرونة	makarūna (f)	pâtes (m pl)
نودلز	nūdlis (f)	nouilles (f pl)
زبدة	zubda (f)	beurre (m)
زيت	zayt (m)	huile (f) végétale
زيت عبيد الشمس	zayt ʿabīd aʃ ʃams (m)	huile (f) de tournesol
مرغرين	marɣarīn (m)	margarine (f)
زيتون	zaytūn (m)	olives (f pl)
زيت الزيتون	zayt az zaytūn (m)	huile (f) d'olive
حليب	ḥalīb (m)	lait (m)
حليب مكثّف	ḥalīb mukaθθaf (m)	lait (m) condensé
يوغورت	yūɣurt (m)	yogourt (m)
كريمة حامضة	krīma ḥāmiḍa (f)	crème (f) aigre
كريمة	krīma (f)	crème (f)
مايونيز	mayunīz (m)	sauce (f) mayonnaise
كريمة زبدة	krīmat zubda (f)	crème (f) au beurre
حبوب	ḥubūb (pl)	gruau (m)
دقيق	daqīq (m)	farine (f)
معلّبات	muʿallabāt (pl)	conserves (f pl)
كورن فليكس	kurn fliks (m)	pétales (m pl) de maïs
عسل	ʿasal (m)	miel (m)
مربّى	murabba (m)	confiture (f)
علك	ʿilk (m)	gomme (f) à mâcher
ماء	māʾ (m)	eau (f)
ماء شرب	māʾ ʃurb (m)	eau (f) potable
ماء معدنيّ	māʾ maʿdaniy (m)	eau (f) minérale
بدون غاز	bi dūn ɣāz	plate (adj)
مكربن	mukarban	gazeuse (adj)
بالغاز	bil ɣāz	pétillante (adj)
ثلج	θalʒ (m)	glace (f)
بالثلج	biθ θalʒ	avec de la glace
بدون كحول	bi dūn kuḥūl	sans alcool
مشروب غازي	maʃrūb ɣāziy (m)	boisson (f) non alcoolisée
مشروب مثلّج	maʃrūb muθallaʒ (m)	rafraîchissement (m)
شراب ليمون	ʃarāb laymūn (m)	limonade (f)
مشروبات كحوليّة	maʃrūbāt kuḥūliyya (pl)	boissons (f pl) alcoolisées
نبيذ	nabīð (f)	vin (m)
نبيذ أبيض	nibīð abyaḍ (m)	vin (m) blanc
نبيذ أحمر	nabīð aḥmar (m)	vin (m) rouge
ليكيور	liqiūr (m)	liqueur (f)
شمبانيا	ʃambāniya (f)	champagne (m)
فيرموث	virmut (m)	vermouth (m)
وسكي	wiski (m)	whisky (m)
فودكا	vudka (f)	vodka (f)

جين	ʒīn (m)	gin (m)
كونياك	kunyāk (m)	cognac (m)
رم	rum (m)	rhum (m)
قهوة	qahwa (f)	café (m)
قهوة سادة	qahwa sāda (f)	café (m) noir
قهوة بالحليب	qahwa bil ḥalīb (f)	café (m) au lait
كابتشينو	kaputʃīnu (m)	cappuccino (m)
نيسكافيه	niskafi (m)	café (m) soluble
كوكتيل	kuktayl (m)	cocktail (m)
ميلك شيك	milk ʃiyk (m)	cocktail (m) au lait
عصير	ʻaṣīr (m)	jus (m)
عصير طماطم	ʻaṣīr ṭamāṭim (m)	jus (m) de tomate
عصير برتقال	ʻaṣīr burtuqāl (m)	jus (m) d'orange
عصير طازج	ʻaṣīr ṭāziʒ (m)	jus (m) pressé
بيرة	bīra (f)	bière (f)
بيرة خفيفة	bīra χafīfa (f)	bière (f) blonde
بيرة غامقة	bīra ɣāmiqa (f)	bière (f) brune
شاي	ʃāy (m)	thé (m)
شاي أسود	ʃāy aswad (m)	thé (m) noir
شاي أخضر	ʃāy aχḍar (m)	thé (m) vert
خضار	χuḍār (pl)	légumes (m pl)
خضروات ورقيّة	χuḍrawāt waraqiyya (pl)	verdure (f)
طماطم	ṭamāṭim (f)	tomate (f)
خيار	χiyār (m)	concombre (m)
جزر	ʒazar (m)	carotte (f)
بطاطس	baṭāṭis (f)	pomme (f) de terre
بصل	baṣal (m)	oignon (m)
ثوم	θūm (m)	ail (m)
كرنب	kurumb (m)	chou (m)
قرنبيط	qarnabīṭ (m)	chou-fleur (m)
كرنب بروكسل	kurumb brūksil (m)	chou (m) de Bruxelles
بركولي	brukuli (m)	brocoli (m)
بنجر	banʒar (m)	betterave (f)
باذنجان	bātinʒān (m)	aubergine (f)
كوسة	kūsa (f)	courgette (f)
قرع	qarʻ (m)	potiron (m)
لفت	lift (m)	navet (m)
بقدونس	baqdūnis (m)	persil (m)
شبت	ʃabat (m)	fenouil (m)
خسّ	χass (m)	laitue (f), salade (f)
كرفس	karafs (m)	céleri (m)
هليون	halyūn (m)	asperge (f)
سبانخ	sabāniχ (m)	épinard (m)
بسلّة	bisilla (f)	pois (m)
فول	fūl (m)	fèves (f pl)
ذرّة	ðura (f)	maïs (m)
فاصوليا	faṣūliya (f)	haricot (m)
فلفل	filfil (m)	poivron (m)
فجل	fiʒl (m)	radis (m)
خرشوف	χurʃūf (m)	artichaut (m)
فاكهة	fākiha (f)	fruit (m)
تفّاحة	tuffāḥa (f)	pomme (f)

كمّثرى	kummaθra (f)	poire (f)
ليمون	laymūn (m)	citron (m)
برتقال	burtuqāl (m)	orange (f)
فراولة	farawla (f)	fraise (f)
يوسفي	yūsufiy (m)	mandarine (f)
برقوق	barqūq (m)	prune (f)
دراق	durrāq (m)	pêche (f)
مشمش	miʃmiʃ (f)	abricot (m)
توت العلّيق الأحمر	tūt al ʿullayq al aḥmar (m)	framboise (f)
أناناس	ananās (m)	ananas (m)
موز	mawz (m)	banane (f)
بطّيخ أحمر	baṭṭīχ aḥmar (m)	pastèque (f)
عنب	ʿinab (m)	raisin (m)
بطّيخ أصفر	baṭṭīχ aṣfar (f)	melon (m)
زنباع	zinbāʿ (m)	pamplemousse (m)
افوكاتو	avukādu (f)	avocat (m)
بابايا	babāya (m)	papaye (f)
مانجو	mangu (m)	mangue (f)
رمان	rummān (m)	grenade (f)
كشمش أحمر	kiʃmiʃ aḥmar (m)	groseille (f) rouge
عنب الثعلب الأسود	ʿinab aθ θaʿlab al aswad (m)	cassis (m)
عنب الثعلب	ʿinab aθ θaʿlab (m)	groseille (f) verte
عنب الأحراج	ʿinab al aḥrāʒ (m)	myrtille (f)
ثمر العليّق	θamar al ʿullayk (m)	mûre (f)
زبيب	zabīb (m)	raisin (m) sec
تين	tīn (m)	figue (f)
تمر	tamr (m)	datte (f)
فول سودانيّ	fūl sudāniy (m)	cacahuète (f)
لوز	lawz (m)	amande (f)
عين الجمل	ʿayn al ʒamal (f)	noix (f)
بندق	bunduq (m)	noisette (f)
جوز هند	ʒawz al hind (m)	noix (f) de coco
فستق	fustuq (m)	pistaches (f pl)
حلويّات	ḥalawiyyāt (pl)	confiserie (f)
بسكويت	baskawīt (m)	biscuit (m)
شكولاتة	ʃukulāta (f)	chocolat (m)
بالشكولاتة	biʃ ʃukulāṭa	en chocolat (adj)
بونبون	bumbūn (m)	bonbon (m)
كعك	kaʿk (m)	gâteau (m)
تورتة	tūrta (f)	tarte (f)
فطيرة	faṭīra (f)	gâteau (m)
حشوة	ḥaʃwa (f)	garniture (f)
مربّى	murabba (m)	confiture (f)
مرملاد	marmalād (f)	marmelade (f)
وافل	wāfil (m)	gaufre (f)
مثلّجات	muθallaʒāt (pl)	glace (f)
وجبة	waʒba (f)	plat (m)
مطبخ	maṭbaχ (m)	cuisine (f)
وصفة	waṣfa (f)	recette (f)
وجبة	waʒba (f)	portion (f)
سلطة	sulṭa (f)	salade (f)

شوربة	ʃūrba (f)	soupe (f)
مرق	maraq (m)	bouillon (m)
ساندويتش	sandawitʃ (m)	sandwich (m)
بيض مقليّ	bayḍ maqliy (m)	les œufs brouillés
هامبورجر	hamburger (m)	hamburger (m)
بفتيك	biftīk (m)	steak (m)
طبق جانبيّ	ṭabaq ʒānibiy (m)	garniture (f)
سباغيتي	spaɣitti (m)	spaghettis (m pl)
هريس بطاطس	harīs baṭāṭis (m)	purée (f)
بيتزا	bītza (f)	pizza (f)
عصيدة	ʿaṣīda (f)	bouillie (f)
بيض مخفوق	bayḍ maχfūq (m)	omelette (f)
مسلوق	maslūq	cuit à l'eau (adj)
مدخّن	mudaχχin	fumé (adj)
مقليّ	maqliy	frit (adj)
مجفّف	muʒaffaf	sec (adj)
مجمّد	muʒammad	congelé (adj)
مخلّل	muχallil	mariné (adj)
مسكّر	musakkar	sucré (adj)
مالح	māliḥ	salé (adj)
بارد	bārid	froid (adj)
ساخن	sāχin	chaud (adj)
مرّ	murr	amer (adj)
لذيذ	laðīð	bon (adj)
قشرة	qiʃra (f)	peau (f)
فلفل أسود	filfil aswad (m)	poivre (m) noir
فلفل أحمر	filfil aḥmar (m)	poivre (m) rouge
صلصة الخردل	ṣalṣat al χardal (f)	moutarde (f)
فجل حارّ	fiʒl ḥārr (m)	raifort (m)
تابل	tābil (m)	condiment (m)
بهار	bahār (m)	épice (f)
صلصة	ṣalṣa (f)	sauce (f)
خلّ	χall (m)	vinaigre (m)
يانسون	yānsūn (m)	anis (m)
ريحان	rīḥān (m)	basilic (m)
قرنفل	qurumful (m)	clou (m) de girofle
زنجبيل	zanʒabīl (m)	gingembre (m)
كزبرة	kuzbara (f)	coriandre (m)
قرفة	qirfa (f)	cannelle (f)
سمسم	simsim (m)	sésame (m)
أوراق الغار	awrāq al ɣār (pl)	feuille (f) de laurier
بابريكا	babrika (f)	paprika (m)
كراوية	karāwiya (f)	cumin (m)
زعفران	zaʿfarān (m)	safran (m)
أكل	akl (m)	nourriture (f)
فطور	fuṭūr (m)	petit déjeuner (m)
غداء	ɣadāʾ (m)	déjeuner (m)
عشاء	ʿaʃāʾ (m)	dîner (m)
شهيّة	ʃahiyya (f)	appétit (m)
!هنيئًا مريئًا	hanīʾan marīʾan!	Bon appétit!
طعم	ṭaʿm (m)	goût (m)
المذاق العالق في الفم	al maðāq al ʿāliq fil fam (m)	arrière-goût (m)

حمية غذائية	ḥimya ɣaðā'iyya (f)	régime (m)
فيتامين	vitamīn (m)	vitamine (f)
سعرة حراريّة	su'ra ḥarāriyya (f)	calorie (f)
نباتيّ	nabātiy (m)	végétarien (m)
نباتي	nabātiy	végétarien (adj)
دهون	duhūn (pl)	lipides (m pl)
بروتينات	brutināt (pl)	protéines (f pl)
نشويّات	naʃawiyyāt (pl)	glucides (m pl)
شريحة	ʃarīḥa (f)	tranche (f)
قطعة	qiṭ'a (f)	morceau (m)
فتاتة	futāta (f)	miette (f)
ملعقة	mil'aqa (f)	cuillère (f)
سكّين	sikkīn (m)	couteau (m)
شوكة	ʃawka (f)	fourchette (f)
فنجان	finʒān (m)	tasse (f)
طبق	ṭabaq (m)	assiette (f)
خلّة أسنان	χallat asnān (f)	cure-dent (m)
بار	bār (m)	bar (m)
نادل	nādil (m)	serveur (m)
نادلة	nādila (f)	serveuse (f)
بارمان	bārman (m)	barman (m)
قائمة طعام	qā'imat aṭ ṭa'ām (f)	carte (f)
قائمة خمور	qā'imat al χumūr (f)	carte (f) des vins
شراب	ʃarāb (m)	apéritif (m)
مقبّلات	muqabbilāt (pl)	hors-d'œuvre (m)
حلويّات	ḥalawiyyāt (pl)	dessert (m)
حساب	ḥisāb (m)	addition (f)
بقشيش	baqʃiʃ (m)	pourboire (m)
ملعقة شاي	mil'aqat ʃāy (f)	petite cuillère (f)
ملعقة كبيرة	mil'aqa kabīra (f)	cuillère (f) à soupe
فتّاحة	fattāḥa (f)	ouvre-bouteille (m)
فتّاحة	fattāḥa (f)	ouvre-boîte (m)
بريمة	barrīma (f)	tire-bouchon (m)
أبراميس	abramīs (m)	brème (f)
شبّوط	ʃabbūṭ (m)	carpe (f)
فرخ	farχ (m)	perche (f)
قرموط	qarmūṭ (m)	silure (m)
سلمون أطلسيّ	salmūn aṭlasiy (m)	saumon (m) atlantique
سمك مفلطح	samak mufalṭaḥ (f)	flet (m)
سمك سندر	samak sandar (m)	sandre (f)
قرش	qirʃ (m)	requin (m)
فطر	fuṭr (f)	champignon (m)
فطر صالح للأكل	fuṭr ṣāliḥ lil akl (m)	champignon (m) comestible
فطر سامّ	fuṭr sāmm (m)	champignon (m) vénéneux
فطر بوليط مأكول	fuṭr bulīṭ ma'kūl (m)	cèpe (m)
فطر أحمر	fuṭr aḥmar (m)	bolet (m) orangé
فطر بوليط	fuṭr bulīṭ (m)	bolet (m) bai
فطر كويزي	fuṭr kwīzi (m)	girolle (f)
فطر روسّولا	fuṭr russūla (m)	russule (f)
فطر الغوشنة	fuṭr al ɣūʃna (m)	morille (f)

فطر أمانيت الطائر السامّ	fuṭr amānīt aṭ ṭā'ir as sāmm (m)	amanite (f) tue-mouches
فطر أمانيت فالوسياني السامّ	fuṭr amānīt falusyāniy as sāmm (m)	oronge (f) verte
توت أحمر برّيّ	tūt aḥmar barriy (m)	canneberge (f)
كيوي	kiwi (m)	kiwi (m)
حبّة	ḥabba (f)	baie (f)
حبّات	ḥabbāt (pl)	baies (f pl)
عنب الثور	'inab aθ θawr (m)	airelle (f) rouge
فراولة برّيّة	farāwla barriyya (f)	fraise (f) des bois
حبوب	ḥubūb (pl)	grains (m pl)
محاصيل الحبوب	maḥāṣīl al ḥubūb (pl)	céréales (f pl)
سنبلة	sumbula (f)	épi (m)
قمح	qamḥ (m)	blé (m)
جاودار	ʒāwdār (m)	seigle (m)
شوفان	ʃūfān (m)	avoine (f)
دخن	duχn (m)	millet (m)
شعير	ʃa'īr (m)	orge (f)
ذرّة	ðura (f)	maïs (m)
حنطة سوداء	ḥinṭa sawdā' (f)	sarrasin (m)
فول الصويا	fūl aṣ ṣūya (m)	soja (m)
عدس	'adas (m)	lentille (f)
بودنج	būding (m)	pudding (m)
ثمر	θamr (m)	fruits (m pl)

www.ingramcontent.com/pod-product-compliance
Lightning Source LLC
La Vergne TN
LVHW051300080426
835509LV00020B/3066

9781787169487